평범한 아이도 영재처럼 사고하게 만드는 질문의 힘

서울대 공대 아빠의
수학 비밀 노트

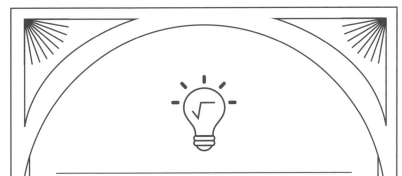

평범한 아이도 영재처럼 사고하게 만드는 질문의 힘

서울대 공대 아빠의
수학 비밀 노트

이창준 지음

추천의 글

이 책은 학습에 도움이 되는 이야기로 가득 차 있습니다. 수학 공부 뿐 아니라 학습 전반에 걸쳐서 알아두면 중요한 이야기가 많습니다. 가장 기초적이고 중요하지만 놓치기 쉬운 수학 개념들과 수학 공부가 왜 중요한지에 대해 꼼꼼하게 설명해주고 있습니다.

이창준 저자는 수학 공부에 대한 열정이 남다르고, 아이들 학습에 대한 관심이 지대할 뿐 아니라 풍부하고 정확한 수학 지식을 갖추고 있습니다. 이 책에는 오랜 시간 동안 수학 공부를 연구하며 아들을 키워온 공대 아빠의 지혜가 담겨 있습니다. 공식이 아닌, 언어로 배우는 수학! 이 의견에 전적으로 동감합니다.

_송용진(인하대학교 수학과 명예교수, 국제수학올림피아드 한국 대표팀 단장)

이창준 박사는 서울대학교 재료공학부 후배이자, 도쿄대학교 재료공학과 선배이기도 합니다. 저와 이창준 박사는 도쿄대학교 재학 시절, 때때로 만나서 연구에 관한 이야기를 나누곤 했는데, 늘 탄탄한 기초를 바탕으로 문제 해결에 대한 창의적 접근법을 제시해서 감탄했던 기억이 납니다. 반면, 이창준 박사는 바쁜 나날 중에도 시간을 내 아이들 교육 관련 일을 했는데 이 점이 의아했습니다.

졸업 후에는 잠시 연락이 끊겼는데, 생각지도 못했던 곳에서 다시 인연이 이어졌습니다. 저는 초등학교 1학년과 아직 미취학인 아들 둘의 아빠인데, 제 아내가 '창쌤'의 수학교육법을 깊이 탐독 중이었습니다. 저희 부부도 (많은 부분 제 아내) 아이들이 어떻게 하면 수학을 어렵지 않게, 재미있게 배울 수 있을까 늘 고민했습니다. 그때마다 참고했던 교육법이 바로 '창쌤'의 수학 접근법이었습니다. 그래서 그의 지식과 수학교육 철학을 담은 책이 출판된다는 소식을 들었을 때 매우 기뻤습니다.

이 책은 시중에 출판된 여느 수학교육 책과는 결이 다릅니다. 우리가 흔히 알고 있다고 생각하는 수학 개념의 본질적 의미를 짚고, 아이들에게 질문하는 과정을 통해 스스로 생각하는 힘을 기를 수 있도록 돕습니다. 이 책은 부모가 수학 공부의 시작점에서 아이들에게 좋은 조력자가 되는 방법을 알려줍니다. '창쌤'의 수학교육 철학은 비단 초중고 수학교육에만 통하는 것이 아니라 대학 교육에서도 통용됩니다.

이 책이 자녀의 수학교육, 더 나아가 자녀 교육에 있어 늘 고민하는 분들에게 등대 같은 길라잡이가 되길 바랍니다.

_강정신(서울대학교 에너지자원공학과 교수)

1. 수학 잘하는 사람들은 이렇게 생각합니다

2. 문제집 많이 푼다고 이런 사람 이길 수 있겠어요?

3. 그들을 이기려면 그들처럼 생각해야 해요

4. 그렇게 만드는 거 무조건 가능합니다!

방법은?

서울대 공대 아빠가 아낌없이 밝혀내는
수학 잘하는 사람들의 비밀!

시작합니다

수학 머리를 타고나지 않았어도
수학을 잘할 수 있게 만드는 방법은 있습니다!

"수학은 타고난 아이들이 잘하는 과목 아닌가요?"

의대 열풍과 AI 시대의 도래로 수학에 대한 관심이 그 어느 때보다 높습니다. 많은 부모님들이 입시를 위해 가장 중요한 과목을 수학이라고 생각하지만 여전히 좋은 수학 점수를 받으려면 타고난 재능이 필요하다고 생각합니다. 수학은 머리가 좋은 아이들, 이과형 머리를 가진 아이들이 잘한다는 편견이 있는 과목입니다. 우리 아이는 웩슬러 지능 검사 결과가 높지 않아서, 이과형이 아니라서 수학의 중요성이 덜한 진로를 택해야 한다고 생각하는 분들도 만나게 됩니다. 과연 그럴까요?

이 책을 시작하기 전에 꼭 이야기해두고 싶은 것이 있습니다.

"수학은 언어입니다."

스스로를 수포자라고 생각하는 부모님들, 우리 자녀가 이과 형 머리가 아니라고 생각하는 부모님들이 꼭 기억하셔야 하는 말입니다. 얼핏 숫자와 그래프로 가득 찬 수학 교과서를 떠올리면 이 말이 이해가 가지 않을 수 있습니다. 하지만 "수학은 언어다."라는 말을 이해하면 수학을 못하는 사람이라도 우리 아이가 수학을 잘할 수 있도록 도울 수 있습니다. 수학은 언어이기 때문에, 수학을 언어로서 받아들이는 아이들은 당연히 잘할 수밖에 없습니다. 한국어와 영어를 가르치듯이 수학을 가르칠 수 있습니다. 이제부터 수학은 타고난 사람만 잘할 수 있다는 편견을 깨부수겠습니다.

수학 잘하는 사람은 무엇이 다를까?

수학을 잘하는 사람들은 무엇이 다를까요? 평생 고민해왔습니다. 저는 중학교 3학년 때 과외 선생님으로 데뷔했고, 고등학교 3학년 때부터 학원 강사로 일했습니다. 서울대학교에서 재료공학을 전공하고 도쿄대학교에서 재료공학 박사 학위를 취득한 이후에는 S전자에서 10년간 연구원으로 일했습니다. 오랜 시간 동안 수학 잘하는 국내외 엘리트들을 누구보다도 많이 만났다고 자부할 수 있습니다. 그런 저도 "수학은 재능 있는 아이들이 잘하는 거 아닌가요?"라는 질문에는 쉽게 대답할 수 없었습니다.

그래서 저는 수학을 잘하는 사람들을 관찰하기 시작했습니다. 블로그와 유튜브를 운영하며 수학 잘하는 친구들을 많이 만났고, 한국과학창의재단 운영위원으로서 여러 토론회에 참여하면서 영재와 영재교육 연구자들을 만났습니다. 수학과 교수님들, 수학교육 전문가들과 이야기할 기회도 얻었습니다. 그들을 보며 수학 잘하는 사람들은 무엇이 다를까, 늘 생각해왔습니다. 이제 그 답을 이 책에 풀어보겠습니다. 수학 잘하는 사람들은 무엇이 다를까요?

그들은 '생각하는 방식'이 달랐습니다. 논리를 사용하려고 노력했고, 본인의 생각이 맞는지 검증하려고 했습니다. 수학적으로 생각하는 걸 즐겼고 생활 속에서 만나는 현상들을 수학을 사용해서 해석하고 문제 해결하는 걸 즐겼습니다.

수학 잘하는 사람들의 '생각하는 방식'을 아이들에게 이식할 수 있을까요? 타고난 사람만 그렇게 될 수 있는 것은 아닐까요?

저는 이제 확신을 가지고 말할 수 있습니다. 수학을 언어로 대하면 누구나 수학을 잘할 수 있습니다. 어렸을 때부터 수학을 사용하고, 질문을 받고 대답하고, 질문을 하면서 자라면 누구나 수학 잘하는 사람이 될 수 있고, 수학을 써먹는 사람이 될 수 있습니다. 타고나지 않아도 충분히 가능합니다. 어렵게 시험을 치고 들어간 학원에서 하루에 3시간씩 문제집을 붙잡고 있지 않아도 수학을 잘할 수 있습니다. 그냥 수학만 잘하는 게 아니라, 입시에서도 좋은 결과를 낼 수 있습니다. 그래서 이 책에서는 질문하고 대답하는 방식을 통해 아이에게 수학 머리를 이식해주는 모든 방법을 담았습니다.

어떻게 하면 우리 자녀가 수학을 언어로 대하도록, 수학 잘하는 사람처럼 생각하도록 만들어줄 수 있을까요? 방법은 '좋은 질문과 기다림'입니다. 잘 가르치는 것으로는 부족합니다. 좋은 질문, 그리고 질문에 대답할 때까지 기다려주는 시간이 아이들을 바꿀 수 있습니다.

문제는 안타깝게도 우리나라에서는 그렇게 질문해주고 기다려주는 교육 기관, 선생님을 찾기가 쉽지 않다는 것입니다. 수학을 언어로서 가르치는 것이 쉽지 않은 교실의 환경, 입시와 진도의 압박, 학생 수를 늘려야 돈을 벌 수 있는 제도의 한계, 단기

실적을 원하는 부모님들의 니즈가 모여서 지금의 환경이 만들어졌습니다.

질문하고 기다려주는 곳을 찾기 힘들다면, 부모님들이 직접 도와주는 것이 가장 좋습니다. 그래서 이 책은 우리 자녀가 수학을 잘하는 역량을 가진 아이로 자라도록 돕고 싶은 초등 부모님들을 염두에 두고 썼습니다. 부모님이 자녀에게 던져줄 수 있는 질문들, 그리고 그 질문의 의미와 답을 통해 아이들이 고민해보았으면 하는 점을 모았습니다.

이 책은 부모님이 먼저 읽고 자녀에게 질문을 던지고 답을 찾도록 유도하는 과정을 돕기 위한 책입니다. 벌써부터 머리에 쥐가 난다고요? 학창 시절, 수학이 제일 어려웠는데 가능하냐고요? 그래서 소위 말하는 수포자 부모님도, 문과형 부모님도 아이와 함께 고민하면서 읽을 수 있도록 이해하기 쉽게 썼습니다. 초등수학을 배운 적이 있는 부모님이라면 누구나 내용을 이해하고 자녀에게 질문을 전달할 수 있습니다.

이 책을 읽으며 얻을 수 있는 수학교육 마인드

이 책은 난이도에 따라 LEVEL 1, 2, 3으로 구성했습니다.

LEVEL 1에서는 초등학교 저학년 교과과정에서 다루는 내용이지만 더 다양하게, 더 깊게 사고할 수 있도록 유도하는 질문들을 다루었습니다. LEVEL 2에서는 초등학교 고학년과 중학교 교과의 일부분을 포함하는 내용, 그리고 교과과정이 아닐 수 있지만 수학 상식을 넓히는 내용을 다루었습니다. LEVEL 3에서는 중고등학교에서는 어떤 내용을 배우는지, 그 내용들이 우리의 실생활과 어떻게 연결되는지를 중점적으로 다루었습니다. LEVEL 3에서는 많은 아이들을 만나며 얻은 제 나름의 공부 철학도 담아보았으니 분명, 초등학생 자녀를 둔 부모님들께 도움이 될 겁니다.

	교과과정	주요 내용
LEVEL 1	초등학교 저학년	사칙연산, 분수의 계산, 최대공약수/최소공배수
LEVEL 2	초등학교 고학년, 중학교	연산, 순환소수, 수체계, 삼각형/원
LEVEL 3	중고등학교	방정식, 부등식, 연립방정식, 함수, 미적분

이 책을 통해 아이들이 부모님과 대화하며 얻기를 기대하는 건 아래 세 가지입니다.

1. 질문하고 토론하는 습관

공부는 교과서로만 하는 것이 아닙니다. 생활 속에서 질문하고 토론하면서 지식을 더 효과적으로, 더 활용하기 좋은 형태로 습득할 수 있다는 점을 이해할 수 있기를 기대합니다.

2. 수학은 나선형 학습으로 이루어져 있다는 것을 느끼는 것

수학 과목의 가장 중요한 특징인 나선형 학습을 반영했습니다. 수학 과목에서는 한 번 배운 내용이 반드시 나중에 다시 나온다는 점을 이해하고, 앞에서 얻은 지식들을 활용해서 더 깊이 고민하는 연습을 통해 수학 과목의 특성을 이해하길 바랍니다.

3. 수학은 언어라는 것을 깨닫는 것

이 점이 가장 중요합니다. 수학은 앉아서 문제집을 푸는 과목이 아니라, 언어입니다. 생활 속에서 수학에 노출되고, 수학을 사용하는 수학 네이티브 스피커는 아무리 문제집을 많이 푼 사람도 이길 수 없습니다. 책으로 열심히 영어 공부를 했다고 해도 집에서 영어를 쓰고 자란 사람보다 잘할 수 없는 것과 같은 이치입니다. 이 책을 통해 수학을 잘하는 사람들이 평소에 어떤 생각을 하고 자랐는지를 이해해보시길 바랍니다. 타고난 아이들만 그렇게 될 수 있는 것이 아니라, 우리 아이도 충분히 그렇게 될 수 있다는 확신을 얻으실 수 있을 겁니다.

질문과 기다림은 관계를 회복하는 힘이 있습니다. 수학 문제 앞에서 몸을 배배 꼬는 아이를 보며 답답해하고 혼낼 수밖에 없었던 부모님과 아이들의 관계가, 아이의 교육에 대해 다른 생각을 가지고 갈등하던 부부 간의 관계가, 수학이라고 하면 지겹고 어려운 느낌에 거부감이 들던 아이들과 수학의 관계가 이 책을 통해 회복되기를 기대해봅니다. 질문과 기다림이라는 방법을 통해서 우리가 잘 모르고 있던 낭만적이고 따뜻한 수학의 모습을 만나시기를 응원하겠습니다.

— 2025년, 봄
이창준

수학 공부에 더 이상 시행착오는 없다!

선생님과의 만남은 너무도 소중한 시간이었어요. 사실, 딸이랑 뭐가 문제
인지 찾아보려 해도 답답한 마음만 생겨서 '그.냥. 일.단.공.부.'로 귀결됐었
어요. 결국엔 뭐가 문제인지는 알지 못한 상태로 방황하다가 우리의 그릇
은 여기까지인가 보다로 선을 긋기 일보 직전에 선생님을 만났어요. '그.냥.
일.단.공.부.'가 문제였어요. 빠른 결과 도출을 위한 생각 없는 움직임. '열심
히'에만 초점이 맞춰진 무모한 공부 방법.
최상위의 공부 방법은 매 순간, 생활에서도 머리를 쓰게 하고 움직인다는 거.
그러니 시작점부터가 다르다는 것을 선생님을 만나고 나서야 깨달았어요.

_** 어머니

예비 중1 우리 아들은 수학 머리가 없고 산만해서 연산 실수를 많이 한다고
맨날 혼났어요. 식을 제대로 못 써서 구박받으며 심화는 손도 못 대고 늘 별
표만 치던 미운 오리였는데, 이렇게나 반짝이는 눈으로 수학 문제를 푼다고?
힌트 주지 말라고? 혼자 풀어보고 싶다고?
아이가 생각할 시간과 기회를 줘야 한다는 것을 선생님을 만나고 나서야 알

게 됐어요. 빠르게 가기보다 바르게 가고 싶은 거였는데 흘러버린 시간이 아쉽습니다. 만나자마자 아이 파악을 정확히 해주시고, 엄마의 불안함도 이해해주셔서 즐거웠던 오늘! 창쌤 감사합니다 :)   _** 어머니

선생님과의 만남이 수학뿐 아니라 다른 교과의 공부 방법에 대해서도 생각하는 시간을 갖게 된 계기가 되었습니다. 아이가 처음으로 공부 시간과 양을 주도적으로 정하고 표현을 했는데요. 이러한 과정 속에서 성장해보길 기대합니다.   _** 어머니

아이가 수학을 재미있게 배우기를 바라는 마음이 항상 있었지만 가능한지에 대해서는 의문이었어요. 아이가 수학 문제 양에 버거워하기 시작해서 학원 상담을 받았는데 사고력이 부족해서 많이 느리다는 피드백을 받았어요. 역시 수학 머리가 없는 걸까, 생각하던 중에 우연히 '생각루트'라는 유튜브를 보게 되었어요!
아이에게 다양한 방법으로 수학 문제를 풀 수 있다는 것을 알려주시고 적절한 질문을 통해 스스로 풀어내도록 도와주셨어요. 문제집만 계속 풀어서 힘들어하던 아이가 재미를 느끼는 것 같았어요. 수학뿐만 아니라 공부를 대하는 마음도 알려주셔서 감사합니다!   _** 어머니

창쌤을 뵙기 전까지는 항상 선생님들이 하라는 대로만 하고, 왜 이렇게 하는지에 대한 의문을 품어본 적이 없었습니다. 공식 유도를 해보긴 했지만 공식

에 사용된 이 용어가 무얼 뜻하는지에 대해서는 생각을 해본 적이 없었습니다. '이미 알고 있다.'고 착각을 했던 거죠. 실제로는 절대 아니었어요.

머리를 쓰지 않고 공식으로만 수학 문제를 풀던 도중, '내분'을 활용하여 접근해야 하는 문제를 접했을 때였습니다. 분명 내분점 공식을 외웠는데 기억이 나지 않았습니다. 다시 공식을 찾아 외우고 적용하면 되니 네이버에 '내분점 공식'을 검색했습니다.

가장 위에 올라와 있는 블로그에 들어갔습니다. 그리고 이때 저의 수학 공부법이 잘못되었다는 것을 깨달았습니다. 창쌤의 블로그 게시글을 천천히 정독하며 하나하나 생각해보고 하라는 대로 따라 해봤습니다. 내분점 공식이 만들어지더군요. 머릿속에 달달 외우던 공식을 처음으로 '유기적으로' 생각한 것이었습니다.

이 순간부터 '공부법이 잘못됐다.'라는 것을 크게 느끼고 불안감에 사로잡혔습니다. 마지막 지푸라기라도 잡는 심정으로, 염치 불구하고 '1등급으로 가기 위한 방법'을 댓글로 여쭤보았습니다. 그리고 몇 시간 뒤 창쌤께서 '1등급으로 가기 위한 전제'는 알려줄 수 있다고 하셨고, 생각지도 못했던 만남을 가지게 되었습니다.

멘토링이 진행되었습니다. '로그'가 무엇이냐고 물어보셨고, 저는 그 질문에 대답을 할 수 없었습니다. 분명 로그를 배웠고, 그에 대한 개념 문제를 몇 백 개나 풀고, 실전 응용 문제, 덧붙여 대학 입학을 판가름하는 수능 4점 문제까지 풀었는데 '로그'라는 개념을 설명할 수 없었습니다.

창쌤은 종이 위에 $a^x = N$이라는 식을 적었고, 곧 그것이 뭘 뜻하는지 생각해보라고 하셨습니다.

'a를 몇 번 곱해야 N이 되는 거지? 아, a를 x번 곱하면 N이 되는데, x라는 수를 우리가 log라고 정의했구나.'라고 생각해냈습니다.

서울대 의예과에 재학 중이던 과외 선생님께 한 달에 100만 원을 드리면서도, 우리 학교 전교권들이 다닌다는 학원에 다니면서도 배울 수 없었던 공부 방식을 이렇게 알게 되다니, 지난 21년을 어떻게 살아왔는지에 대한 회의감이 들더라고요. 스스로 생각하는 시간 5분이 없어서 그동안 '개념', '법칙', '공식', '정리'를 의미 없이 달달 외웠다고 생각하니 허무했습니다. 그리고 이때 깨달았습니다. 어릴 때 '사칙연산' 개념을 어떻게 배우고, 생각하고, 그 개념을 스스로 생각해보았느냐에 따라 수학을 바라보는 눈 자체가 바뀐다는 것을요. 기본에서 벗어나지 않고 확장된 것이 고등수학이라는 것을 뼈저리게 느꼈습니다.

이미 굳어진 사고를 바꾸는 과정은 정말 너무너무 힘들지만 남은 시간 동안 이대로 공부한다면 수학을 보는 눈 자체가 달라질 것이라는 확신이 생겼습니다. 창쌤께서 알려주시는 공부법을 깨우친다면, 적어도 저처럼 수학 공부에서 헤매는 일은 없을 것 같습니다. _**학생

차례

LEVEL 1.
수학 언어의 본질을 이해하는 질문들

LEVEL 2.
상식을 깨뜨리면서 배우는 수학 언어

LEVEL 3.
수능을 넘어서 확장되는 수학 세계

초등학교에서 모든 사칙연산은 더하기로 표현될 수 있다는 사실을 아시나요? 수학은 언어입니다. 곱하기를 더하기로 나누기를 더하기로 표현할 수 있게 될 때 우리 아이의 수학 머리는 자라납니다. 아무리 언어를 열심히 공부한 사람이라도 네이티브를 이길 수는 없습니다. 우리 아이가 수학 네이티브로 성장할 수 있도록 도와주세요. 방법은 어렵지 않습니다. 좋은 질문과 기다림만 있으면 됩니다.

LEVEL 1.

수학 언어의 본질을
이해하는 질문들

초등학교 저학년

| 수 세기,
진법 | 암산,
유창성 | 사칙연산의
우선순위 | 최소공배수/
최대공약수 | 통분 | 기하 |

30년 동안 고민해서 깨달은
공부 잘하는 사람들의 비밀

"네 생각에는 어떤 아이들이 공부를 잘하는 것 같아?"

절박한 마음으로 저를 찾아오는 아이들에게 꼭 던지는 질문입니다. 블로그와 유튜브를 보고 연락 주시는 부모님들을 가능하면 모두 만나려고 합니다. 부모님만 절박한 게 아닐 겁니다. 한창 사춘기 나이에도 엄마 따라, 아빠 따라 저를 만나러 왔다면 그 친구들도 내심 공부를 잘하고 싶은 마음이 클 것이라는 건 자녀를 키워본 분이라면 누구나 예상할 수 있을 거예요. 부모님도 학생들도 저를 만나러 오는 그 순간까지 아마 대부분 반신반의

하는 마음이리라 생각합니다. 고작 2시간 남짓한 시간에 얼마나 달라질 수 있을까 생각하면서도 지푸라기라도 잡는 심정으로 먼 길을 달려서 오신 거겠죠. 합리적인 의구심입니다. 그 짧은 시간에 제가 수학 능력을 급격하게 상승시킬 수 있다고 한다면 아마 거짓말일 겁니다. 그래서 저는 무엇인가를 가르쳐주는 대신 아주 오랫동안 고민해야 하는 질문을 던져주려고 하는 편입니다.

가장 먼저 해야 하는, 그리고 가장 중요한 질문은 바로 이것입니다.

"어떤 사람이 공부를 잘하는 걸까?"

이 질문에 대해 고민하고 얻는 결론에 따라서 우리 자녀가 어떻게 공부해야 하는지는 크게 달라집니다. 같은 논리로, 만약 이 질문에 대한 답이 저와 다르다면 이 책은 더 이상 읽으실 필요가 없습니다.

그런데 저를 찾아온 많은 초등학생, 중학생 아이들의 대답은 생각보다 그리 전형적이지 않습니다. 저도 처음에는 "머리 좋은 애들이요."라는 답변을 예상하고 질문을 했습니다. 그러나 뜻밖에도 이렇게 대답하는 아이들은 많지 않습니다. 아이들의 답변은 생각보다 다채로운데, 많이 나오는 답변들을 꼽아보자면 "말 잘하는 애들", "집중력 좋은 애들", "잘 노는 애들" 정도가 있겠네요. 다 일리 있는 말입니다. 적어도 우리 반 1등은 단순히 천재라서 공부를 잘하는 게 아니라는 것, 우리 반에서 제일 열심히 하는 친구가 제일 잘하는 게 아니라는 것은 중학생 정도만 되면 아이들도 모두 눈치채고 있다는 뜻입니다.

저 역시도 오랫동안 공부와 관련해서 많은 사람들을 만나왔지만 '나는 왜 잘했을까?'라는 질문을 스스로에게 하기 시작한 것은 상당한 경험이 쌓인 이후였습니다. 사실 공부 잘했던 사람들은 대부분 자기가 왜 공부를 잘했는지 잘 모릅니다. 굳이 고민할 필요가 없기도 하죠. 훌륭한 운동선수가 꼭 훌륭한 지도자가 된다는 보장이 없는 것도 같은 이치입니다. 그러다 보니 학생들을 가르치는 사람들도 대부분 어떻게 하면 듣는 사람이 이해하기 쉽게 설명할까 고민하게 되지, 어떻게 하면 '공부 잘하는 아이'로 만들 수 있을까 고민하는 경우는 많지 않죠. 더 열심히 해라, 더 노력해라 같은 말로 동기부여하는 정도입니다. 그러면 이제 어떻게 하면 공부를 잘하는 사람이 될 수 있는지 얘기해볼까요?

"공부를 잘하려면 머리가 좋아야 하고, 공부가 재미있어야 합니다. 다른 길은 없습니다."

너무 전형적인 답이라고요? 하지만 이것이 제가 30년 가까이 고민해서 얻은 결론입니다. 아무리 생각해봐도, 다른 방법은 없습니다. 저도 머리가 좋다는 이야기를 많이 들었고, 공부가 게임이나 축구보다 재미있지는 않았지만 그래도 하고 있는 그 순간만큼은 성취감을 느끼면서 나름의 즐거움을 느꼈습니다. 제 주변에 공부를 잘했던 사람들을 봐도 다들 그렇습니다. 여러분도 동의하시지 않나요? 머리가 좋고 공부가 재미있는 사람보다 공부를 잘하는 게 가능할까요? 결국 머리 좋고 공부에서 재미를 느끼는 사람을 이길 수 없다는 걸 알면서도 '뭔가 방법이 있을지도 몰라.', '계속 하다 보면 어떤 깨달음을 얻을지도 몰라.'라고 생각하면서 자녀에게 막연히 공부를 열심히 해야 한다고 말하는 건 아닌지 생각해볼 필요가 있습니다.

지금 이 이야기를 듣고 황당하거나 허무하다고 느끼시는 분들이 많을 겁니다. 실제로 만나서 이런 이야기를 들은 학생들이나 부모님들도 그런 반응이었어요. 그런데 이 이야기가 황당하고 허무하다고 느껴지는 이유는 뭘까요? 머리가 좋은 것, 공부가 재미있는 것은 타고나는 것이라고 생각하기 때문입니다.

후천적으로 공부 잘하는
아이로 만들기

"공부 머리가 좋아지고, 재미있어지는 것은 후천적으로 가능합니다. 단, 그냥 열심히 한다고 되는 것은 아닙니다."

앞에서도 이야기했듯이 공부 머리는 타고난 천재성과는 다릅니다. 서울대학교 학생의 IQ 평균은 110 정도라는 기사를 본적이 있습니다.(「나라 걱정에… 새 나라 세운 12살 역사 영재」—〈세계일보〉) 서울대학생 중에서도 IQ가 130 이상인 학생은 1/3 미만이라고 하는 걸 보면 공부 머리는 타고나는 것만으로 설명이 안 됩니다. 그리고 대부분의 사람은 재미가 없으면 열심히 하는 것도 불가능합니다. 열심히 하겠다고 자리에 앉아 있는 것은 가능하지만 집중해서 몰입하고 그 상태를 유지하는 것은 정신력으로만 되는 것이 아닙니다. 따라서 자녀를 반드시 공부가 재미있는 상태로 만들어줘야 공부 머리가 좋아질 수 있습니다.

그래도 결국 타고난 아이들이 열심히 하면 훨씬 잘하는 것 아닌지 묻고 싶은 분들이 있을 텐데요, 물론 그런 아이들도 있습니다. 그러나 다행스럽게도 그런 아이들은 굉장히 소수이기 때문에 우리가 신경 쓰지 않아도 됩니다. 제가 서울대학교를 졸업하고 도쿄대학교에서 박사 학위를 따고 대기업 연구소에서 일하면서, 또 영재교육과 관련된 토론회에 패널로 참석하면서 수많은 엘리트들을 만나왔지만 소위 말하는 타고난 천재는 5명도 만나보지 못한 것 같아요. 우리가 자녀에게 바라는 것이 온 세상이 알아주는 천재가 되는 게 아니라, 누가 들어도 이름을 아는 좋은 대학을 나오고, 능력 좋은 사회인으로 살아가는 것이라고 한다면 99%의 평범한 사람은 충분히 달성할 수 있는 목표라고 확실하게 말씀드릴 수 있습니다. 물론 그 목표에 도달하기 위해 필요한 시간과 노력에는 차이가 납니다. 하지만 옳은 방법으로 접근한다면 생각보다 그 차이를 쉽게 줄일 수 있습니다. 어린 나이일수록 그 효과가 커질 수 있음은 물론입니다.

"어제와 똑같은 오늘을 살면서, 다른 내일을 기대하는 것은 정신병 초기 증세이다."

아인슈타인Einstein이 했다고 알려진 말입니다. 조금 과격하지만 공부에 있어서도 시사하는 바가 큰 말입니다. 다른 요령을 찾으려고 하면 안 됩니다. 자녀가 공부를 잘하는 아이로 성장하기를 바란다면, 반드시 공부 머리가 있는, 그리고 공부에서 흥미를 느끼는 아이로 만들어줘야 합니다. 지금처럼 생각하면서 지금보다 더 똑똑한 아이가 되기를 바라는 건 어불성설입니다.

앞으로 공부 잘하는 사람들의 생각하는 방식을 알아내고, 어떻게 하면 그 상태로 만들 수 있는지 차근차근 이야기해보겠습니다.

그렇다면 이 글을 읽고 있는 여러분들은 이렇게 질문할 수 있겠죠.

"공부가 어떻게 재밌을 수 있죠? 아이가 공부를 재미있게 느끼게 하려면 어떻게 해야 하죠? 방법이 있을까요?"

수학은 편법이
통하지 않는다

결국 제일 중요한 것은 수학과 영어라는 말, 많이 들어보셨죠? 이 말은 사실일까요? 사실이라면 왜 그런 걸까요?

이미 수학이 중요하다고 생각하니 이 책을 읽고 계시는 거겠지만, 그럼에도 이 이야기를 짚고 넘어가려는 이유가 있습니다. 수학과 영어가 도대체 왜 중요한 건지, 왜 입시에서 큰 비중을 차지하는지를 정확히 알아야 효과적인 방법으로 공부를 할 수 있는데, 많은 분들이 왜 중요한지 깊이 고민하지 않습니다.

결론부터 이야기하면, 교과 과목으로서의 수학과 영어가 중요한 이유는 잘하기가 어렵기 때문입니다. 아무리 열심히 해도 점수가 잘 오르지 않는 과목이라는 거죠. 수학과 영어가 훌륭한 사회인으로서 살아가기 위해 필요한 많은 능력, 예를 들면 논리력, 창의력, 문제 해결 능력, 커뮤니케이션 능력을 기르는 데 중요한 과목이라는 이야기는 일단 접어두고, 대학 입시에 대해서만 생각해봐도 결국 두 과목을 잘해야 성적 관리가 되고 다른 과목도 잘할 수 있다는 말은 사실입니다. (최상위권 학생들은 시험 준비를 하면서 수학, 영어 공부에 매몰되지 않습니다. 바꿔 말하면 시험 기간에 수학, 영어에 매달리는 학생은 절대로 최상위권이 될 수 없습니다.)

문제는 수학과 영어를 잘하기 어려운 이유에 대해 생각해보지 않으면 엉뚱한 솔루션이 나올 수 있다는 겁니다. 많은 부모님들이 '수학이 중요하기 때문에' 수학 선행학습에 공을 들이고 있습니다. 어렵기 때문에 한 번에 알아듣기가 힘들 것이고, 미리 배워두면 학교에서 배울 때 훨씬 수월할 거라고 생각하기 때문이겠죠. 또, 학원이나 과외를 통해 심화 문제를 풀도록 유도하고 있습니다. 그건 아마도 어려운 문제를 해결하다 보면 그보다 쉬운 문제는 더 쉽게 해결할 수 있지 않을까 하는 기대 심리 때문일 겁니다. 수학을 잘하기 어려운 이유를 생각해보면 그것들은 궁극적인 솔루션이 될 수 없다는 걸 알 수 있을 거예요. 하지만 선행학습, 심화학습에 대해서는 이 책의 뒷부분에서 다시 자세히 이야기하겠습니다.

수학과 영어를 잘하기가 어려운 이유는 크게 두 가지입니다. 첫 번째는 이전에 배운 것들을 계속 써먹는 과목이기 때문이고, 두 번째는 유형으로 극복이 안 되는 과목이기 때문입니다. 수학을 기준으로 조금 더 자세히 설명을 해보겠습니다.

수포자가
발생하는 이유

수학은 새로운 내용을 배울 때 앞에서 배운 내용들을 당연하다는 듯이 활용합니다. 고등학교 수학에서는 중학교에서 배운 방정식, 함수, 기하의 개념을 모르면 설명을 알아듣기조차 힘들고 중학교에서는 초등학교에서 배운 연산, 수의 체계, 도형의 성질을 다 안다고 가정하고 선생님들이 설명을 해나갑니다. 흔히 수학이 나선형 교과과정을 따른다고 하는데, 이 말은 같은 개념들이 반복해서 나오면서 그 내용이 깊어지고 넓어진다는 뜻입니다. 앞에서 놓친 부분이 있는 아이들은 같은 개념이 다시 나와서 깊이가 더 깊어질 때 전혀 따라가지 못하게 되는 경우가 발생합니다. 이럴 때 흔히 말하는 수포자들이 많이 생겨나게 됩니다.

이런 아이들에게 "네가 수업 시간에 이해를 잘 못하니, 미리 배우면 좀 나아지지 않겠니?"라며 선행학습을 시키면 어떻게 될까요? 아직 학교에서 배우지 않은 것을 먼저 배우고 있으니 나중에 도움이 될 거라는 마음의 안도감을 얻을지는 모르겠지만, 이 친구들에게는 이해가 안 가는 부분만 더더욱 늘어날 확률이 높습니다.

수학은 문제 유형을 외우는 것으로 극복되지 않습니다. 많은 사람들이 수학과 비슷하다고 생각하는 과학 과목은 시험 문제가 '개념을 제대로 알고 있는가?'를 테스트하는 데 초점이 맞춰져 있습니다. 따라서 문제가 말하고자 하는 바가 무엇인지 정확하게 파악할 수 있고, 관련된 개념을 정확하게 암기하고 있다면 대부분 답을 찾을 수 있습니다. 그런데 수학은 '내가 가진 개념들을 활용해서 문제를 해결해낼 수 있는가?'에 초점을 맞추어 문제가 출제됩니다. 원과 삼각형을 동시에 활용해서 문제를 만들 수도 있고, 이차함수와 확률을 엮을 수도 있습니다. 즉, 수학은 새로운 유형의 문제를 만들어내는 것이 다른 과목보다 용이합니다. 그러다 보니 다른 과목은 선생님이 못 푸는 문제가 거의 없고, 선생님들의 실력이 학생들보다 압도적으로 높은데, 수학은 선생님들도 못 푸는 문제를 풀어내는 학생들이 종종 있습니다. 수능에서 유형으로 커버할 수 있는 문제들은 3점, 커버할 수 없는 문제들은 4점으로 분류합니다. 문제 유형만 열심히 공부해서는 3점짜리 문제들만 맞힐 수 있습니다. 그렇다면 절대 1등급이 될 수는 없습니다.

새로운 문제를 풀어내지 못하는 학생에게 심화학습을 시킨다고 어려운 문제를 주면 어떻게 될까요? 학생들은 선생님의 풀이를 받아 적으면서 기억하려고 애쓰겠지만 결국 그 문제는 나오지 않을 테고 수능에서는 또 다른 '새로운 문제'를 접하고 좌절하게 됩니다.

지금까지의 이야기를 한마디로 정리하면 이렇습니다.

"수학은 편법이 통하지 않습니다."

중요하지 않다고 흘려보낼 수 있는 부분이 없습니다. 제대로 이해하지 못하는 부분이 있다면 그 부분이 계속 다시 나오면서 깊이는 더 깊어져 어려움이 가중됩니다. 또, 기출문제를 달달 외워도 결국은 새로운 문제가 나오기 때문에 단기간에 성적을 올릴 수 없습니다.

수학을 잘하기 위한 방법은 딱 하나입니다. 차근차근 모든 과정의 개념을 이해하고, 문제를 해결할 수 있는 추론 능력, 논리력을 기르는 수밖에 없습니다. 이것이 전제되지 않으면 선행학습이나 심화학습은 아무 소용이 없습니다. 우리 자녀가 수학을 어려워한다면, 이전에 배운 어딘가를 이해하지 못하고 넘어온 것이 분명합니다. 선행학습을 할 게 아니라 그 부분을 찾아서 메꿔줘야 합니다. 그리고 아무리 문제를 풀어도 성적이 오르지 않는다면 새로운 문제를 풀어낼 수 있는 추론 능력이 부족하다고 봐야 합니다. 심화 문제를 풀어줄 것이 아니라 새로운 문제를 푸는 연습이 되어야 한다는 뜻이죠.

다행인 것은 거꾸로 얘기하면 어렸을 때부터 배우는 내용들을 놓치지 않고 따라가면서 추론 능력을 기른다면 수학은 생각보다 어렵지 않다는 점입니다. 나선형 학습이므로 지난번에 배운 내용이랑 크게 다르지 않은 걸 계속해서 배우는 것이거든요. 다음 장부터는 수학 머리를 기를 수 있는 질문을 단계별로 차근차근 알려드리겠습니다.

이 세상에 숫자는
몇 개가 있을까?

여러분은 수학을 좋아하세요?

저는 아이들이 초등학교 저학년 때 당장 수학을 잘하게 되는 것보다 수학을 좋아하게 되는 것이 더 중요하다고 강조합니다. 당연한 이야기지만 당장 수학을 잘하지 못해도 수학을 좋아한다면 수학 실력은 점점 좋아질 수밖에 없으니까요.

일단 수학이 무엇인지, 수학은 왜 배우는 것인지 알아야 제대로 수학을 좋아할 수 있습니다. 아이들이 수학을 재미없다고 생각하게 되는 가장 큰 이유는 수학을 배우는 과정이 지루하고 힘이 들기 때문이거든요. 그럴 때 '아, 나는 수학을 잘 못하나 봐.' '수학은 원래 이렇게 재미가 없는 건가 봐.'라고 생각하게 되는 거죠. 예를 들면 387×28 같은 복잡한 곱하기를 배울 때 계산하는 데 힘이 들어서 수학이 멀게 느껴지는 경우가 있습니다. 하지만 이런 계산은 나중에는 많이 쓰지 않습니다. 그럴 때 '수학이 재미없어.'라고 생각하지 않고 '이건 다른 것들을 배우기 위해 거치는 과정이야.'라고 생각한다면 훨씬 쉽게 그 시기를 넘길 수 있지 않을까요? 그래서 진짜 수학이란 무엇일까, 왜 배우는 걸까에 대해 생각해보는 게 중요합니다.

수학은 '수를 도구로 하고, 논리적으로 생각하는 방법에 대해 연구하는 학문'입니다. 사실 "수학은 어떤 것이다."라고 딱 잘라 말하는 것은 생각보다 쉽지 않아요. 수학은 영어로 '매스매틱스Mathematics'라고 하는데, 이 단어는 "배우는 모든 것"이라는 고대 그리스어에서 유래된 말이라고 합니다. 아주 오래전부터 인류는 수학이 모든 학문의 기초가 된다고 생각했고, 우리가 생각하는 법을 배우는 데 있어서 가장 중요한 학문이라고 생각했다는 의미가 되겠죠? 그러니까 우리는 무엇인가를 계산하기 위해서 수학을 배우는 게 아닙니다. 우리가 수학을 배우는 이유는 논리적으로 생각하는 법을 연습하기 위해서입니다. 다시 말해, 우리는 수학을 배우면서 생각할 줄 아는 사람이 되어갈 수 있습니다.

그래서 수학에서는 단순히 계산을 잘하는 것보다 지금 배우고 있는 것에 대해서 정확하게 아는 것이 더 중요합니다. 예를 들면 더하기를 계산할 줄 아는 것보다 "더하기가 뭐지?"라는 질문에 답할 수 있는 게 더 중요합니다. 특히 초등학교를 졸업하고 중고등학교에 들어가면 수학 과목에서 공부해야 하는 내용이 너무너무 많아집니다. 그런데 수학은 지난번에 배웠던 것들을 다시 써먹으면서 새로운 걸 조금씩 쌓아가는 과목입니다. '뭔지 정확하게는 모르겠는데 대충 이렇게 계산하면 답이 나오네.'라고 생각하고 넘어가면 예전에 배운 것들이 모습을 약간씩 바꿔서 나타났을 때 '아, 이거 배웠었지.'라고 기억하고 써먹을 수가 없습니다. 이렇게 되면 남들보다 2배, 3배 공부를 해야 똑같은 성적을 받는 일이 벌어집니다. 그래서 자녀에게 배우는 것들을 '정확하게' 알도록 도와줄 필요가 있어요.

자, 연습을 하나 해볼까요?

"숫자는 모두 몇 개가 있을까요?"

여러분이 알고 있는 숫자를 모두 말해보세요. 제가 학생들을 만나서 이야기해보면 대부분의 친구들은 이 질문에 어떻게 답을 해야 할지 곤란해합니다. '100도 있고, 356도 있고, 9813도 있고, 1경, 1조, 1해도 있는데 그게 모두 몇 개인 거지? 엄청 많을 텐데? 답은 있는 문제인 걸까?'라고 생각하면서 말이죠. 여러분은 어떻게 생각하셨나요?

숫자는 열 개밖에 없습니다. 356이라는 숫자는 없습니다. 우리가 사용하는 숫자는 0, 1, 2, 3, 4, 5, 6, 7, 8, 9 열 개밖에 없어요. 356은 3과 5 그리고 6이라는 숫자를 써서 표현할 수 있는 '수'인 거죠. (수는 영어로 넘버^{number}이고 숫자는 디지트^{digit}인데 이 단어는 라틴어로 손가락이라는 뜻입니다.) 숫자는 수를 표현하기 위해서 우리가 사용하는 일종의 기호라고 할 수 있어요.

생각하는 연습을 하는 것이 바로, 수학

다시 한번 이야기하지만, 수학에서는 우리가 어렴풋이 알고 있는 것들을 더 정확하게 알려고 노력하는 자세가 가장 중요합니다. 우리는 대부분 스스로 '숫자'라는 말을 알고 있다고 생각하죠. 하지만 대부분의 아이들은 정확하게 아는 게 아니라 수와 숫자를 혼동해서 알고 있습니다. 그 차이를 알고 있는 친구들도 "그런데 숫자가 뭐야?"라고 물어보면 대답하기 어려워합니다.

원래 하던 이야기로 돌아가볼게요. "수학을 좋아하세요?"라는 말은 더하기나 곱하기 연습하는 걸 좋아하느냐고 묻는 것이 아니라는 걸 이제 아시겠죠? 내가 알고 있다고 생각한 것들이 정말 제대로 잘 알고 있는 것인지 다시 한번 생각해보고, 논리적으로 생각하는 연습을 좋아하느냐는 질문입니다. 아이들에게 "세상에 숫자가 몇 개 있게?"라는 문제를 내주고 제가 한 이야기를 들려준 후에, 생각하는 연습을 하는 게 수학이라는 걸 알려주면 아이들도 느끼는 바가 있을 겁니다.

이 책은 재미있는 수학 질문을 던져주고, 부모님들과 아이들이 질문에 대한 답을 찾기 위해 함께 고민해보는 과정을 통해 진짜 수학에 대해 알아가도록 돕는 내비게이션 역할을 자처합니다.

이 세상에 숫자가
여덟 개밖에 없다면?

우리 자녀가 수에 대한 개념이 잘 잡혀 있는지 어떻게 확인

할 수 있을까요? 숫자는 잘 세는 것 같고 간단한 연산도 곧잘 하

는 것 같으니 괜찮지 않을까 싶다가도, 이대로 괜찮은 건지 불안

한데 확인할 수 있는 방법은 없으니 그러려니 넘어가고 있는 건

아닐까요?

이미 앞에서 수의 가장 중요한 개념에 대해서 이야기했습니

다. 바로 숫자는 열 개밖에 없다는 것이죠. 무한히 많은 수들은

결국 열 개밖에 없는 숫자들의 조합으로 만들어내는 것이라는

사실은 수학에서 가장 중요한 개념 중 하나입니다. 의외로 많은 아이들이 이 부분을 제대로 이해하지 못하고 '9 다음은 10, 99 다음은 100'이라고 암기를 하고 있습니다.

자릿수/자릿값을 제대로 이해하고 실생활에서 활용할 수 있는 아이와 그렇지 않은 아이는 얼핏 보기에는 큰 차이가 없어 보이지만, 이것을 제대로 이해하느냐 못하느냐에 따라 중고등학교 교과과정에서 큰 차이가 발생합니다. 자릿수/자릿값에 대해 이해가 부족하면 일단 더하기 빼기부터 차이가 나게 됩니다. 예를 들면 8에 7을 더할 때 8부터 일곱을 세서 "9, 10, 11, 12, 13, 14, 15니까 답은 15"라고 이야기하는 것과 "7에서 2를 떼서 8에 더하면 10이 되고 5가 남으니까 답은 15"라고 이야기하는 차이는 자릿수/자릿값에 대한 이해 여부에서 나옵니다. 자, 질문을 해보겠습니다.

"829에서 37을 어떻게 뺄까?"

자릿수 개념을 실전에서 활용할 수 있는 아이들과 개념을 이해하지 못하거나 알아도 활용하지 못한 아이들이 답변은 이렇게 차이가 납니다.

> "9 빼기 7은 2, 그리고 2 빼기 3을 하려면 앞에서 하나를 빌려와서 12 빼기 3이 되면서 9, 8은 하나 빌려갔으니까 7, 그럼 792."

다음은 이해하는 아이의 답변입니다.

> "37은 29보다 8이 크지. 그럼 800에서 8을 빼는 거랑 같네. 그럼 답은 792."

자릿수/자릿값 개념에 대해서 이해를 잘하고 있는지 확인하고, 그 개념을 실제로 활용할 수 있도록 도와주는 좋은 방법이 하나 있습니다. 바로 진법에 대해서 이야기를 하는 건데요, 여기서 진법은 수를 표현하는 방법을 뜻하는데, 우리는 숫자 열 개를 사용하는 10진법을 사용하고 있습니다. 예전에는 0과 1만 사용하는 2진법을 포함해서 10진법 이외의 진법도 배웠는데, 이 내용은 중학교 교과과정에 포함되었다가 빠지고 다시 포함되기를 반복하고 있습니다. 교과과정에서 빠졌던 이유는 너무 어려워서 이해하는 아이들이 많지 않기 때문이라고 발표되었던 적이 있습니다. 이 부분을 학생들이 어렵게 느낀다는 것은 바로 자릿수/자릿값 개념을 확실하게 이해하지 못하고 있다는 의미입니다.

구체적인 통계를 내본 적은 없지만 다음 질문을 아이들에게 했을 때 한 번에 제대로 대답하는 비율은 10명 중에 1명이 안됩니다. 중고등학생을 포함시켜도 마찬가지입니다.

"세상에서 8이랑 9가 없어져서 숫자가 여덟 개만 남으면 어떻게 될까?"

8과 9가 없어진 세상에서 숫자를 한번 세어볼까요? 1, 2, 3, 4, 5, 6, 7…? 8, 9가 나와야 하는데 8도 9도 없어졌습니다. 어떻게 해야 할까요?

자릿수/자릿값에 대한 개념이 있는 아이들은 이 문제가 그다지 어렵지 않습니다. 우리가 쓰고 있는 10진법에서 9 다음이 왜 10인지 잘 이해하고 있을 테니 말이죠. (9 다음은 숫자가 없기 때문에 숫자 하나로는 더 이상 표현할 수 없고, 숫자 두 개를 사용해서 수를 표현해야 한다는 것, 그리고 숫자 두 개 중 앞 숫자는 십의 자리를 의미하고 뒤의 숫자는 일의 자리를 의미한다는 것이죠.)

숫자가 두 개 없어졌다고 해도 이 원리는 변하지 않습니다. 8과 9가 없어졌을 때 0, 1, 2, 3, 4, 5, 6, 7까지 세었다면 이제부터 숫자 하나로는 수를 표현할 수 없으니 숫자 두 개를 써야 합니다. 숫자 두 개를 써서 나타낼 수 있는 가장 작은 수는 십의 자리는 1, 일의 자리는 0이 될 테니, 결국 7 다음은 10이 됩니다.

아마 여기까지 설명했으면 아이들도 감을 잡고 눈을 반짝이고 있을지도 모릅니다. 그럼 계속 세어보면 10, 11, 12, 13, 14, 15, 16, 17 다음은? 18이어야 맞을 것 같은데 8은 없어졌죠. 그럼 그다음은 10진법에서와 마찬가지로 십의 자리의 수를 하나 올려주고 일의 자리 수는 0으로 돌아가서 20이 됩니다.

이런 식으로 계속 숫자를 세면 70, 71, 72, 73, 74, 75, 76, 77까지 갈 수 있습니다. 그다음은 어떻게 될까요? 이제는 아마 많은 아이들이 자신 있게 얘기할 겁니다. 숫자 두 개로 나타낼 수 있는 수가 없으니 숫자 세 개를 써야 하는데, 숫자 세 개를 써서 나타낼 수 있는 가장 작은 수는 100입니다.

자, 그럼 질문을 조금 바꿔볼까요?

"이번에는 거꾸로 9 다음에 ★이라는 숫자가 하나 더 생겨서 숫자가 열한 개가 됐습니다. 숫자를 세어보면 어떻게 될까요?"

1, 2, 3, 4, 5, 6, 7, 8, 9 다음에는 10이 아니라 ★이라는 수가 나옵니다. 그리고 나서 다음 수는 숫자 한 개로 나타낼 수 없으니 숫자 두 개로 나타낼 수 있는 가장 작은 수는 10이 될 거예요. 그리고 나서 계속 세어봅니다.

10, 11, 12, 13, 14, 15, 16, 17, 18, 19 다음은 1★이 되겠죠. 그리고 그다음은 20이 됩니다.

이런 방식으로 97, 98, 99까지 세었습니다. 그러면 다음은 얼마일까요? 100이 아니고, 9★이겠죠? 그다음도 100이 아닙니다. 십의 자리를 하나 더 올려줄 수 있으니 ★0입니다. 그리고 ★1, ★2,…★9 다음에 다시 ★★, 그리고 다음 숫자는 100이 되어야 하는 거죠.

숫자가 여덟 개밖에 없을 때

0, 1, 2, 3, 4, 5, 6, 7,
10, 11, 12, 13, 14, 15, 16, 17,
20, 21, 22, 23, 24, 25, 26, 27,
30, 31, 32, 33, 34, 35, 36, 37,
⋮
70, 71, 72, 73, 74, 75, 76, 77,
100, 101, 102, 103, 104, 105, 106, 107,
110, 111, 112, 113, 114, 115, 116, 117,

숫자가 열한 개 있을 때

0, 1, 2, 3, 4, 5, 6, 7, 8, 9, ★
10, 11, 12, 13, 14, 15, 16, 17, 18, 19, 1★
20, 21, 22, 23, 24, 25, 26, 27, 28, 29, 2★
30, 31, 32, 33, 34, 35, 36, 37, 38, 39, 3★
⋮

90, 91, 92, 93, 94, 95, 96, 97, 98, 99, 9★
★0, ★1, ★2, ★3, ★4, ★5, ★6, ★7, ★8, ★9, ★★,
100, 101, 102, 103, 104, 105, 106, 107, 108, 109, 10★
110, 111, 112, 113, 114, 115, 116, 117, 118, 119, 11★

진법을
확장해보기

진법에 대한 이야기는 쉽게 확장해볼 수 있습니다. 예를 들면 숫자가 여덟 개밖에 없는 세상에서 15 더하기 6은 얼마일지 맞혀보는 일은 위에서 설명한 대로 자릿수/자릿값의 개념을 연산에 활용하는 연습에도 활용될 수 있습니다. 10진법의 구구단 대신 8진법의 칠칠단을 표로 만들어보라는 숙제도 낼 수 있고, 초등학교 고학년이나 중고등학생 중 숫자에 대한 감각이 있고 코딩을 할 줄 아는 아이라면 8진수끼리의 사칙연산을 계산해주는 알고리즘을 생각해보라는 숙제도 내줄 수 있겠죠.

이 장을 읽으면서 어떤 생각을 하셨나요? '우리가 당연히 이해하고 있다고 생각한 것들이 사실 알고 보니 제대로 이해한 것

이 아니었구나.'라는 느낌을 받으셨다면 제가 이야기하고 싶은
바가 정확하게 전달된 것입니다.

수학 실력은 이런 당연한 것들에 대한 이해에서부터 차이가
납니다. 앞에서 말씀드린 것처럼 수학에는 편법이 통하지 않습
니다. 한 단계 한 단계 제대로 밟아나가야 잘할 수 있는 게 수학
입니다. 우리가 아무것도 아니라고 생각하는 숫자 세기에서부터
이해의 깊이가 차이 나기 시작하고, 이런 조그마한 차이들이 쌓
이면 고등학교 과정에서는 단순히 수학 공부를 열심히 해서는
도저히 역전할 수 없는 사고력의 차이로 나타나게 됩니다.

78×9가
무슨 뜻이죠?

곱셈을 배운 아이들이라면 78×9는 누구나 할 수 있을 겁니다. 그런데 종이와 펜을 쓰지 말고 머릿속으로만 계산해보라고 하면 어떻게 될까요?

저는 아이들이 모두 할 수 있다는 걸 알고 있습니다. 하지만 아이들이 할 수 있다는 걸 모르고 있는 분들이 많습니다. 이제부터 78×9가 어떻게 암산이 가능한지 얘기해보겠습니다.

우리는 먼저 이 질문에 대답을 할 수 있어야 합니다.

"78×9가 무슨 뜻이죠?"

대답하기가 생각보다 쉽지 않죠? 아마 이런 생각을 하지 않고 펜으로 계산부터 하는 사람들이 대부분일 거예요.

그냥 기계처럼 바로바로 계산하지 말고, 잠깐 멈춰서 78×9가 무슨 뜻인지 한번 생각해보세요. 바로 78+78+78+⋯+78 이렇게 9번 더했다는 뜻입니다. 아마 대답을 하지 못했던 분들도 이야기를 듣고 보니 '아, 그렇지. 배운 적 있네.' 하는 생각이 들 거예요.

우리는 78×9는 머릿속으로 계산하지 못해도, 78×10은 쉽게 계산할 수 있습니다. 78을 10번 더하면 780이죠? 78을 10번 더하면 780인 건 알지만 78을 9번 더한 게 궁금하거든요? 그럼 780에서 어떻게 하면 78을 9번 더한 걸 쉽게 구할 수 있을까요? 벌써 눈치챘을 수도 있겠네요. 그렇습니다. 거기서 78을 한 번 빼면 됩니다. 78을 10번 더한 거에서 78을 한 번 빼면 78을 9번 더한 게 되니까요. 이제, 78 곱하기 9라는 복잡해 보이는 문제가 780 빼기 78이라는 쉬운 문제가 되었네요. 780 빼기 78은 702라는 건 머릿속으로 쉽게 계산할 수 있습니다.

$$78+78+78+78+78+78+78+78+78+78=780$$
$$78+78+78+78+78+78+78+78+78=780-78$$

듣고 보면 충분히 할 수 있는데, 지금까지 우리는 왜 이렇게 못 했을까요? 그건 바로 곱하기를 '외웠기' 때문입니다.

우리는 곱하기를 '안다'고 생각하죠. 계산을 할 수 있으니까요. 그런데 우리는 78×9가 무슨 뜻인지 잘 생각하지 않았어요. 78×9라는 문제를 세로로 써놓고 구구단을 써서 기계적으로 풀도록 연습을 해왔기 때문에 한 가지 방법밖에 생각이 나지 않는 거예요. 심지어 초등학교 3학년을 넘어가면 세 자리 곱셈, 두 자리 곱셈을 빠르게 하는 연습을 하는데, 사실 그런 문제는 고등학교나 대학교 때는 나오지 않아요. 그런데 안타깝게도 이런 걸 연습하는 과정에서 학생들이 '아, 나는 수학이 싫어.' '나는 수학을 못해.'라고 생각하기 시작합니다. 저는 이 과정을 "연산이 만든 수학 지옥"이라고 부릅니다. 연산은 수학에 있어서 무척 중요하지만, 483×78을 빠르게 푸는 게 아니라 483 곱하기 78은 483을 78번 더한 거라는 의미를 이해하는 게 중요합니다. 그런데 우리는 의미를 이해하는 과정을 생략하고 외우고만 있습니다.

자, 아까보다 조금만 더 복잡한 걸 생각해볼게요. 78×19는 무슨 뜻일까요? 이제는 모두 대답할 수 있겠죠? 78을 19번 더한 거예요. 78+78+78… 이렇게 19번 쓰는 게 지겹고 시간이 많이 걸리니 줄여서 78×19라고 하자고 약속한 거예요. 이걸 아이들에게 이해시킨 다음에 생각을 하게 하면 할 수 있는 게 굉장히 많아집니다.

어떤 친구는 78을 20번 더한 다음에 78을 빼줄 수도 있고요, 어떤 친구는 19를 80번 더한 다음에 19를 두 번 빼겠다고 생각할 수도 있을 거예요. 또, 어떤 친구는 78을 10번 더한 다음에 78을 9번 더한 거를 서로 더해주자고 생각하기도 하겠죠. 이 단순한 문제도 풀 수 있는 방법이 굉장히 많은데 우리는 단 한 가지 방법으로만 풀 수밖에 없도록 수학을 공부하고 있어요.

구구단을 외우는 건
중요하지 않습니다

제 아들 현우는 초등학교 1학년 때 78×19를 머릿속으로 계산할 수 있었어요. 이렇게 할 수 있었던 비결은 뭘까요? 머리가 좋아서? 그렇지 않습니다. 현우는 수학을 재미있어 하지만 천재는 아니거든요. 현우가 머릿속으로 암산을 할 수 있었던 건 구구단을 외우지 않았기 때문입니다. 현우에게 구구단을 외우라고 한 적이 없거든요. 대신 2에다가 2를 더하면 얼마야? 거기에 2를 또 더하면? 거기에 또 더하면? 이런 식으로 퀴즈를 내면서 함께 연습했어요. 구구단은 외워야 하는 거라고 생각하고 '2×1=2, 2×2=4, 2×3=6' 이렇게 기계처럼 반복하는 순간 우리는 연산을 암기라고 인식하기 시작합니다.

2×1=2고, 2×2는 거기에 2를 더하니까 4,
2×3은 거기에 2를 더 더해서 6.

이렇게 생각해보면 되는데 우리는 왜 열심히 외우고 있을까요? 그건 바로 빨리빨리 계산하고 기계처럼 답이 튀어나오게 하고 싶어서예요. 안 그러면 불안하니까요.

그런데, 여러분 너무 걱정하지 마세요. 제가 약속할 수 있어요. 지금 아이들에게는 구구단을 외우는 게 중요하지 않습니다. 빨리빨리 계산을 하는 게 중요하지 않습니다. 지금 가장 중요한 건 수학과 친해지는 과정입니다. 그리고 이렇게 공부를 하다 보면 시험이라는 걸 보기 시작할 즈음에는 남들보다 계산이 늦어서 걱정하는 일은 없을 겁니다.

그걸 어떻게 믿느냐고요? 이 책을 끝까지 읽다 보면 점점 이해가 갈 겁니다. 왜 수학은 외우면 안 되는지, 의미를 이해하고 생각을 많이 해야 더 잘할 수 있는지 점점 확실히 느낄 수 있을 거예요.

곱하기와 더하기 중에
왜 곱하기부터 하는 걸까?

"이건 그냥 약속 아닌가요?"

"이건 당연한 거 아닌가요?"

제 블로그나 유튜브에 심심치 않게 달리는 댓글입니다.

수학을 가르치다 보면 초등 저학년 아이들의 질문은 기상천외합니다. 더하기는 왜 십자가처럼 쓰는 건지, 왜 일, 이, 삼이라고 세면 되는데 하나, 둘, 셋이라고도 하는 건지, 시계는 왜 10까지 있으면 편한데 12시까지 있고, 60분까지 있는 건지 등 말이죠. 저 스스로도 나는 왜 이런 것들을 궁금해하지 않고 당연하게 받아들이고 있었을까 하는 생각이 들 정도입니다.

여러분은 자녀들이 이렇게 '당연한 것들'에 대해 질문하면 뭐라고 대답하시나요? 각자 대답하는 방식은 다르겠지만 공통점은 있습니다. 어른들은 아이들의 질문에는 어떻게든 대답해줘야 한다는 압박감을 느낍니다.

"음, 그건 그냥 약속이야."

아이들에게 수학을 가르치다 보면 자주 쓰게 되는 말 중 하나입니다. 사실 "아빠도 엄마도 잘 모르겠는데 원래 그냥 그런 것이라고 생각하면 어떨까?"라는 의미이기도 합니다.

하지만 이 점을 기억해야 합니다. 수학을 통해서 자녀들에게 가르쳐줘야 하는 것 중 하나는 '당연한 것은 없다.'라는 관점입니다. 사고력과 창의력의 발달은 '남들에게는 당연한 것들'에 대해 얼마나 고민하는지에 달려 있습니다. 위대한 발견들은 모두 당연한 것들에 대한 고민과 의문에서 시작됐습니다. 사과가 땅으로 떨어지는 것은 누구나 알고 있었지만 뉴턴^{Newton}이 그것을 보고 만유인력에 대한 인사이트를 얻지 못했다면 지금의 과학 발전은 없었습니다. 0이라는 숫자는 문명의 시작부터 당연히 있었을 것 같지만 7세기에서야 인도에서 0이라는 개념을 처음 사용했고 9세기에서야 피보나치^{Fibonacci}가 0이라는 숫자를 사용하기 시작했습니다.

수학에 당연한 것은 없습니다. 예를 들어보면, 1 더하기 1이 2라는 것도 엄밀하게는 증명이 필요합니다. "사탕이 하나 있는데 하나를 더 주면 몇 개야?"라고 하면 되는 거 아니냐고 생각하실 수도 있겠지만, 이 문장에는 모호한 부분이 굉장히 많습니다. 사탕이란 무엇이냐, 크기가 약간 다른 사탕들도 다 하나인 건지, 준다는 것의 명확한 의미는 무엇인지 등 말이죠. 이런 약속의 모호함 때문에 실생활에서 다툼이 일어나는 경우도 실제로 많이 있습니다. 이런 생각들이 쌓여 이탈리아의 수학자 페아노^{Peano}는 19세기에 자연수의 체계에 대해 모두가 증명 없이 받아들일 수 있는 명제(수학에서는 공리라고 합니다.)들을 정리했고, 그제서야 그 명제들을 바탕으로 1 더하기 1은 2라는 것을 증명할 수 있게 되었습니다. 물론 더하기라는 약속에 대해서도 정의가 필요했습니다.

너무 피곤하고 빡빡한 거 아니냐, 그렇게까지 해야 하냐고 생각하실 수도 있겠지만, 지식을 암기와 기억의 대상으로 받아들이는 것에 그치지 않고 논리적으로 엄밀하게 생각하는 습관을 가지게 된 아이들은 결국 수학을 잘하는 사람으로 성장하게 됩니다. 중고등학교에 가서 문제를 많이 풀고 공식을 외우는 것으로 따라잡을 수 없는 수학 실력의 차이는 상당 부분 어렸을 때 수학의 이런 특성을 잘 받아들였는지 여부에 달려 있습니다.

그럼 당연한 것에 대한 아이들의 질문에 우리는 어떻게 대답 해주어야 할까요? 또 어떻게 수학에서의 약속과 정의를 받아들 일 수 있도록 도와주면 좋을까요?

한 초등학교 선생님께서 블로그를 통해 도움을 요청하신 적 이 있습니다.

"곱하기와 더하기가 한 식에 있으면 왜 곱하기부터 해야 하는 건지 아이들이 묻는데 해줄 말이 없더라고요. 뭐라고 이야기를 해주면 좋을까요?"

저는 답변이 될 수 있는 블로그 게시물을 작성했는데 핵심은 이렇습니다.

> 2+3×5는 원래 2+3+3+3+3+3인데 이런 식으로 쓰면 귀찮으니까 3을 5번 더하는 것은 2+3×5라고 줄여서 쓰기로 한 것입니다.

그 선생님은 실제로 이렇게 설명을 해주었고 아이들이 납득 했다고 피드백을 주셨습니다.

그런데 이상하지 않나요? 제가 지금 한 답변은 엄밀하게 말하면 아이들이 가지는 의문에 직접적인 답이 될 수 없습니다. 조금 더 불편하더라도 더하기를 먼저 한다고 약속했다고 해도 문제가 생기는 건 아니니까요. 그런데 아이들은 왜 납득을 한 걸까요?

저 질문을 하는 아이들의 속내는 곱하기를 더하기보다 먼저 하게 된 역사적 사실관계와 수학적 필연성을 알려달라는 게 아닙니다. 아이들은 '앞에서부터 하면 더 기억하기 편한데 왜 하나를 더 기억해야 하는 것이냐?'라는 심리에서 물어보는 경우가 대부분입니다. 아이들은 알려주는 그대로 외우는 것이 아니라 이해하고 납득하고 싶은 겁니다. 그래서 식을 통해서 어떤 부분이 편해지는 것인지 이해하고, 그걸 기억하는 것이 손해가 아니구나 하는 것을 이해하게 된 겁니다.

지식의 깊이는
질문력과 비례한다

지식의 깊이는 할 수 있는 질문의 깊이에 비례합니다. 하지만 자녀의 질문에 답하기 위해서 엄청난 수학 지식이 필요하다고 생각하실 필요는 없습니다. 질문이 충분히 의미가 있고 함께 고민해볼 가치가 있다는 사실을 기억하면서 반응해주면 됩니다. 이렇게 자란 아이들은 비판적으로 지식을 받아들이는 사람으로 성장해나가는 기반을 가질 수 있습니다.

덤으로, 아이들의 이런 엉뚱한 질문에 어떻게 그런 생각을 했냐고 물어봐주세요. 그때 아이들의 표정을 보면 '아, 이런 게 공부를 재미있게 하는 방법이구나'를 느끼실 수 있을 겁니다.

구구단,
그래도 외워야 하는 거 아닐까?

지금까지 수학은 무엇을 배우는 과목이고, 왜 수학이 어려운 지, 그래서 어떻게 수학을 배워야 하는지에 대해 이야기해보았 습니다. 아마 부모님들 중에는 맞는 말이라고 공감하면서도 이 런 의문이 드는 분들이 많을 겁니다.

'하지만 현실은 그게 아니잖아요?'

구구단을 못 외워서 자녀가 학교에서 손해를 보거나 혼나면 어쩌나, 기가 죽어서 나중에까지 영향을 미치면 어떡하나 고민 이 되는 게 부모 마음이죠. 사실 무시할 수 없는 부분입니다. 저도 항상 고민하는 부분이 교육 방식과 현실의 균형입니다. 제가 아무리 맞다고 생각해도 부모님들이 받아들이기 쉽지 않다면 제 말은 세상을 바꾸기 어려울 겁니다. 그러나 생각이 수정되어오면서도 큰 줄기가 바뀌지 않고 오히려 강화되는 수많은 계기가 있었습니다. 그중 한 에피소드를 소개해보겠습니다.

제 아들 현우가 2학년 때 겪었던 일입니다. 앞에서 이야기한 대로 현우는 초등학교 1학년 때 이미 두 자리 곱셈 계산을 머릿속으로 할 수 있었습니다. 곱셈의 원리를 이용해서 빠르지는 않지만 암산을 해낼 수 있었던 거죠. 특출난 머리를 타고난 게 아니라 누구나 가능한 것이라는 건 앞에서 말씀드렸습니다. 그런데 어느 날 하교 후 집에 온 현우가 점심 먹고 노는 친구들과 달리 구구단을 다 못 외운 자신은 점심 시간에 공부를 더 하고 있다는 이야기를 했습니다. 저와 아내도 부모인지라 안쓰러운 마음이 들었고, 현우에게 일단 구구단을 외우라고 해야 하는 건지 이야기를 나누기도 했습니다.

며칠 후 주말, 여행을 가면서 뒷자리에 앉은 현우에게 자신감을 살려주기 위해 "59×7", 두 자리와 한 자리 곱셈 문제를 내줬습니다. 현우가 맞히면 "그거 봐. 구구단부터 외운 친구들보다도 현우가 더 잘하잖아."라고 말해주고 싶었습니다. 그런데 현우가 한 뜻밖의 대답은 충격적이었습니다.

"못하겠어. 9×7이 뭐였는지 기억이 안 난단 말이야."

몇 달 전까지만 해도 제 유튜브 채널에 출연해서 두 자리 곱셈을 암산으로 하던 아이가 구구단을 외우라는 미션을 받고 나서는 9×7이 뭐였는지 기억이 안 나서 계산을 못하겠다는 이야기를 한 거죠. 놀란 제가 "현우야, 너 예전에는 어떻게 풀었지? 원래 잘했잖아."라고 물으니 현우가 이렇게 대답했습니다.

"그렇게 하면 안 되고 바로바로 튀어나와야 한단 말이야."

여러분은 어떤 생각이 드시나요?

우리의 의도와는 다르게 구구단을 외우는 것은 아이들의 생각을 제한하는 역효과를 내고 있습니다. 다양한 방법으로 답을 낼 수 있는 문제임에도 불구하고 가장 빠르고 효율적인 방법으로만 계산해야 한다는 압박감을 심어주고 그 이상 생각하지 않도록 만드는 거죠. 이런 교육 방식은 중고등학교에서 절정에 다다릅니다. 유명 포털 사이트에서 정리한 자료를 보면 중고등학생이 외워야 하는 수학 공식이 250개 정도나 됩니다. 하지만 저는 그중에서 외워야 하는 공식은 10개 내외라고 생각합니다. 이제까지의 수학교육 방식이 무엇이 잘못됐는지 알겠나요? 더 자유롭게 생각하고 토론하도록 하는 대신 생각을 제한하면서 많은 유형의 기출문제를 풀어서 그마저 암기해내도록 유도하고 있는 겁니다.

제가 자꾸 딴소리를 하고 있다고 생각하실 수도 있습니다. 아무리 맞는 말이어도 결국 입시에서는 불리한 거 아니냐는 질문에는 답을 안 하고 있다고 말이죠. 그런데 제가 위에서 말씀드린 내용에 이미 답이 있습니다.

구구단을 외우는 것부터 시작하는 방식으로 공부를 계속하면 초등학교에서만 공부 잘하는 아이가 될 수 있습니다. 고등학교에서부터는 노력으로는 커버할 수 없는 효율의 차이가 발생하기 때문입니다. 초등학교 저학년 때는 구구단만 외우면 되지만, 중고등학교 과정에서는 외워야 하는 공식이 250개나 됩니다. 그런데 저는 그중에서 10개 정도만 외워도 충분하다고 얘기했습니다. 공식 250개를 외워야 문제를 풀 수 있는 아이와 공식 10개 가지고도 문제를 풀 수 있는 아이는 공부 효율의 차이가 얼마나 날까요? 우리의 목표는 초등학생 때만 공부 잘하는 아이로 키우는 게 아닙니다.

4배 효율을 높이는
수학 공부법

　암기는 결과적으로 많은 반복을 필요로 하기 때문에 공부 양이 많아지는 고등학교 과정에서는 결코 필승법이 될 수 없습니다. 뇌 과학에서 밝혀진 바와 같이 암기는 8번의 반복이 필요합니다. 그래야 단기 기억에서 장기 기억으로 옮겨지죠. 하지만 본인이 주도해서 체험을 통해 얻은 기억은 바로 장기 기억으로 저장이 됩니다. 내비게이션을 보고 따라간 길은 몇 번을 가도 기억이 나지 않지만 본인이 앞장서서 찾아간 길은 다시 기억하기 쉬운 것과 같습니다. 스스로 이해하면서 다양한 생각을 통해 공부하는 아이가 암기하는 아이보다 같은 내용을 공부하는 데 2배의 시간이 걸렸다고 하더라도 암기하는 아이는 8번을 반복해야 하기 때문에 결과적으로는 4배의 효율 차이가 발생합니다. 이해하고 생각하는 방식으로 6시간 공부하는 아이를 따라가려면 암기하는 아이는 잠을 하나도 자지 않고 24시간 공부해야 따라갈 수 있습니다.

　이것이 고등학교 과정에서 아무리 열심히 해도 상위권으로 들어가지 못하는 학생이 생기는 이유입니다. 허벅지를 볼펜으로 찔러가며 하루 12시간 공부하던 친구가 있었습니다. 저는 그 친구가 저를 이기지 못한 이유가 결코 머리가 나빠서라고 생각하지 않습니다. 그 친구는 제가 집에 가서 몰래 밤을 새우며 공부한다고만 생각했고, 생각하는 방식에 차이가 있다고는 의심해보지 않았습니다. 이것이 저를 이기지 못한 이유입니다.

우리 아들들은 단 한 번도 반 아이들의 이름을 리스트로 만들어 출력한 다음 암기한 적이 없습니다. 그러나 2주 정도만 지나면 반 아이들의 이름과 특징을 줄줄 읊어서 귀찮을 정도로 엄마 아빠에게 이야기해주죠. 그런데 만약 아이들의 이름을 억지로 암기시키고 시험을 봤다면 어땠을까요? 더 빠르게 기억할 수 있었을까요? 외우는 것도 훨씬 힘들었을 테고 아이들의 특징까지 기억하지 못했겠죠. 게다가 시간이 지나면 쉽게 잊어버렸을 겁니다.

구구단을 외우는 것부터 시작하면 절대 안 됩니다. 아이들이 필요에 의해 구구단을 기억하고 자연스럽게 체득할 것을 믿고 기다려주는 것이 초등학교가 아닌 고등학교에서 공부 잘하는 아이로 기를 수 있는 유일한 방법입니다. 곱셈을 빠르게 계산하지 못해서 대학을 못 가는 친구는 한 명도 못 봤습니다. 대부분은 문제를 어떻게 푸는지 생각해낼 수 없어서, 공식이 기억 안 나고 활용하지 못해서 대학에 못 갑니다.

아, 한 가지 재미있는 사실이 있습니다. 똑똑한 아이들은 창의적인 교육을 시키고, 평범한 학생들은 반복을 시켜야 하는 것 아니냐고 생각하는 우리의 편견과는 달리, 주입식 교육이야말로 타고난 아이들에게는 매우 적합한 방식입니다. 그 아이들은 그 안에서도 새로운 방식을 찾아내거든요. 아이에게 똑같은 걸 반복해서 시켰더니 똑같은 방식으로 반복하고 있을 98퍼센트 아이들의 부모님은 '아, 우리 아이는 이 분야에서 영재는 아니구나.'라고 생각하시는 게 맞습니다.

이 글을 쓰다가 초등학교 3학년인 아들 현우가 오길래 8×7은 뭐냐고 물으니 바로 답이 튀어나오지 않네요. 하지만 19×9는 3초 만에 계산했어요. 참 다행이라고 생각합니다.

빵 한 개를 어떻게
나눠 먹을 거야?

여러분은 '수학은 언어'라는 표현에 공감이 가나요? 저뿐만
아니라 수많은 사람이 수학은 철학이자 언어라고 이야기합니다.
수학이 철학이자 언어라는 말을 제대로 이해하지 못하면 절대
수학을 잘할 수 없습니다. 하지만 이 말을 제대로 이해하고 공감
하는 사람은 별로 없는 것 같습니다. 우리가 자녀들에게 수학을
가르치고, 수학에 대해 이야기하는 방식을 보면 알 수 있습니다.

분수를 예로 들어서 이야기해보겠습니다. 여러분이 자녀에
게 분수에 대해 가르치게 된다면 제일 먼저 어떤 이야기를 할까

요? 이 글을 쓰면서 저도 분모에 대해 가르치는 여러 책과 영상을 봤습니다. 대부분의 책이 일단 무엇부터 시작할까요? 아마 예상하실 수 있을 것 같은데, '분수는 분모 분의 분자'라는 것입니다. 물론 대부분 친절하게 알아듣기 쉽게 설명하고 실제로도 설명 자체는 굉장히 효율적입니다.

그러나 저는 부모님들께 분모라는 말과 분자라는 말을 사용하지 않고 분수의 개념을 이해시키는 것이 굉장히 중요하다고 말합니다. '분모/분자라는 말을 쓰지 않아도 된다.' 정도가 아니라 분수의 개념을 완전히 이해할 때까지는 이런 용어를 쓰지 말아야 합니다. 조금 더 구체적으로 이야기하면 '4분의 3'이라는 표현을 가능한 한 쓰지 말고 길고 번거롭더라도 '피자를 4조각 내서 그중에 3조각'이라는 표현을 썼으면 합니다.

초등학교 2학년인 아들 지운이에게 질문을 해봤습니다.

"아빠랑 엄마랑 형아랑 지운이랑 빵 한 개를 나눠 먹을 거야. 그럼 어떻게 나눠 먹어야 해?"

"빵을 네 개로 잘라서 하나씩 먹으면 되지?"

"그럼 만약에 빵 세 개를 네 명이서 나눠 먹으려면 어떻게 해야 해?"

"빵 하나를 네 개로 잘라서 나눠 가지고, 또 빵 하나를 네 개

로 잘라서 나눠 가지고, 또 빵 하나를 네 개로 잘라서 나눠 가지면 되지?"

"그럼 아빠는 빵 네 개로 쪼개진 거를 몇 개 가지고 있는 거야?"

"세 개!"

"그렇지? 빵을 네 개로 쪼갠 거를 세 개씩 가지고 있는 거지?"

저의 첫째 아들 현우는 빵을 세 개로 쪼갠 거랑 빵을 네 개로 쪼갠 거를 하나씩 가지고 있으면 합쳐서 얼마큼의 빵을 가지고 있는지 계산을 할 수 있지만 (통분해서 더하기를 할 수 있다는 뜻이죠.) 한 번도 분모, 분자, 몇 분의 몇, 통분이라는 말을 사용해서 문제를 푼 적이 없습니다. 어지간히 수학을 좋아하는 아이가 아니라면 용어를 써서 문제를 푸는 것보다 빵을 쪼개는 예를 가지고 생각해보는 것을 훨씬 좋아한다는 것쯤은 설명드리지 않아도 아실 겁니다.

왜 우리는 아이들에게 처음부터 '분모' '분자'라는 용어를 가르치기 위해서 노력을 할까요? 학교에서 선생님이 아이들에게 분수를 가르칠 때를 가정해보겠습니다. '피자 한 판을 4조각으로 자르고, 그중에 3조각'이라는 표현을 계속 쓰면 어떻게 될까요? 무엇보다 수업의 효율이 떨어진다는 비판을 들을 수 있습니다. 그리고 다른 곳에서는 다 그 용어를 쓰고 있는데 우리 아이들만 모른다면 뒤처지고 있다는 느낌이 들 수도 있겠죠. 즉, 분모/분자라는 용어를 서둘러 사용하는 이유는 수업의 효율, 진도, 표준화된 교육에 포커스를 두고 있기 때문입니다.

수학 언어,
네이티브 스피커로 키우기

용어를 가르치는 것을 최대한 늦춰야 한다고 말씀드리는 데는 몇 가지 이유가 있습니다. 첫 번째는 아이들이 용어를 외우다가 진짜 중요한 내용을 놓치기 일쑤이기 때문입니다. 가르치는 사람 입장에서는 분모가 3, 분자가 2, 3분의 2라고 말하면 의미가 쉽게 와닿을지 모르지만 분수를 처음 배우는 아이들은 그렇지 않습니다. 많은 아이들이 3분의 2이면 피자를 3조각으로 자른 건지 2조각으로 자른 건지 잘 와닿지 않는 상태로 설명을 듣고 있는 거죠. 그러다 보면 정작 중요한 내용은 놓치게 됩니다.

두 번째는 한 가지 개념, 용어를 여러 단계에 걸쳐, 다양한 형태로 받아들이는 것이 학습 효과가 훨씬 좋기 때문입니다. 인지 발달 이론으로 유명한 생물학자이자, 심리학자인 피아제^{Piaget}는 이미 배운 것과 새로운 것 사이에서 적절한 부조화가 발생했을 때 그것을 해결하는 과정에서 인지능력이 발달한다고 이야기했습니다. 분수로 이야기하자면 '피자 한 판을 네 개로 자른 거'라고 쭉 생각해왔는데, 어느 날 이걸 '분모가 4'라고 부른다고 알려주면 그 두 가지 지식을 통합하면서 얻게 되는 효과가 크다는 뜻입니다. 그런데 우리는 수업의 효율을 올리기 위해서 이런 과정들을 생략하고 있습니다.

수학이 언어라는 이야기로 다시 돌아가보죠. 수학도 영어처럼 네이티브 스피커에 가깝게 생각하는 것이 중요합니다. 이럴 때는 이런 단어를 쓰고, 이럴 때는 이런 문장을 써야 한다고 외우다 보면 네이티브 스피커가 되는 것이 아닙니다. 동사, 명사, 형용사 이런 분류들을 잘한다고 네이티브 스피커가 되는 것이 아닙니다. (우리는 오히려 네이티브 스피커보다 영어 문법을 더 잘 알고 있습니다.) 네이티브 스피커는 말을 효율적으로 배우기 위해 전문 용어를 기억하거나 문장을 형식별로 정리해서 암기하지 않습니다. 하나의 단어가 쓰이는 여러 가지 상황을 접하고, 그 상황에서의 분위기나 사람들의 표정, 몸짓을 보면서 문화를 이해하는 동시에 언어를 익힙니다. 언뜻 보면 비효율적으로 보이는 시간들이 쌓여 네이티브 스피커가 됩니다. 비효율적으로 보였던 시간들은 꼭 필요한 시간들이었던 겁니다.

분모/분자라는 말을 모르는 사람이 없고, 통분을 할 줄 모르는 사람도 드물지만, 분수가 가진 의미와 통분을 하는 이유를 설명할 수 있는 사람은 많지 않습니다. 어쩌면 우리는 모두에게 적용될 수 있는 공평하고 효율적인 교육에 너무 집착한 나머지 수학 네이티브 스피커가 될 수 있는 기회를 빼앗고 있는 것인지도 모릅니다.

당장 교육 환경을 바꾸는 것은 쉽지 않습니다. 하지만 가정에서 부모님들이 우리 자녀들을 수학 네이티브 스피커로 만들어줄 수는 있습니다. 3분의 2라는 말 대신 빵 3조각으로 잘라서 그중의 2조각이라고 이야기하는 것이 그 시작점이 될 수 있습니다.

초등수학 최대 빌런,
최소공배수와 최대공약수

　최소공배수와 최대공약수는 초등수학에서 가장 중요한 부분
중 하나입니다. 이외에도 도형 부분이나 분수의 계산 등도 난관
이지만, 최소공배수/최대공약수 부분에서부터 이른바 '수포자'
가 생겨나기 시작한다고 해도 과언이 아닙니다. 아이들뿐 아니
라 부모님들에게도 마찬가지입니다. 많은 부모님들이 자녀에게
수학을 가르치다가 최소공배수/최대공약수가 나오는 시기부터
어려움을 겪게 됩니다.

　어떤 수의 몇 배가 되는 수를 배수라고 하는데 예를 들면 4의

배수는 4, 8, 12, 16, 20, 24⋯ 같은 수들이 있습니다. 두 수의 배수 중에 공통된 수를 공배수라고 하고, 그중에서 가장 작은 것을 최소공배수라고 합니다. 예를 들면 6의 배수는 6, 12, 18, 24⋯인데, 4의 배수와 6의 배수를 비교해보면 12, 24⋯가 겹치게 되죠. 그러니 4와 6의 공배수에는 12, 24⋯가 있고, 그중 가장 작은 12가 두 수의 최소공배수입니다.

또, 어떤 수를 나누어 떨어지게 하는 수를 약수라고 하는데요, 예를 들면 6은 1, 2, 3, 6으로 나누어 떨어지니 6의 약수는 1, 2, 3, 6 네 개이고, 같은 방식으로 4의 약수는 1, 2, 4입니다. 그런데 1, 2는 4의 약수이기도 하고 6의 약수이기도 하네요. 이럴 때 우리는 1, 2를 4와 6의 공약수라고 부르고, 그중에서 가장 큰 2를 최대공약수라고 합니다.

이 부분을 어렵게 느끼는 이유 첫째는 새로운 용어가 한꺼번에 많이 나오기 때문입니다. 초등학교 5학년 과정에서 공배수/공약수를 배우기 시작하면서 아이들은 지금까지 겪어보지 못 했던 용어의 홍수를 접하게 됩니다. 약수/배수라는 말이 일단 헷갈리는데, 공약수/공배수가 나오고 또 최대공약수/최소공배수라는 말을 맞닥뜨립니다. 이 앞의 글에서 의미를 이해할 때까지 용어를 주입식으로 가르치지 않는 것이 중요하다고 말씀드렸는데요, 이 부분에도 동일하게 적용될 수 있는 이야기입니다.

둘째는 갑자기 이런 것들을 왜 배우는지 이해가 안 가는 상태에서 배우기 때문입니다. 자연수의 혼합 계산을 배우다가 갑자기 공배수/공약수가 나오는데 새로운 지식은 기존의 지식과 결합될 때 잘 받아들여지고 저장된다는 것을 생각해보면, 맥락을 모르는 상태에서 공부하는 것은 아무래도 효율이 떨어질 수밖에 없습니다.

셋째는 초등학교 입학 이후로 처음 공식, 스킬이라는 것을 접하기 때문입니다. 우리는 최대공약수/최소공배수를 구하는 방법을 아래 그림처럼 가르칩니다. 언뜻 보기에는 외우기 쉽고 간단해 보이지만 아이들에게는 이게 도대체 무슨 의미인지 이해가 되지 않기 때문에 '단순 암기'가 되어버립니다.

$$
\begin{array}{r|cc}
2 & 24 & 36 \\
2 & 12 & 18 \\
3 & 6 & 9 \\
\hline
& 2 & 3
\end{array}
$$

최대공약수: $2\times2\times3=12$
최소공배수: $2\times2\times3\times2\times3=72$

최대공약수/최소공배수를 공부하는 것도, 가르치는 것도 어려운 세 가지 이유를 말씀드렸는데요, 이 문제를 해결하려면 어떻게 하면 좋을까요? 제가 이 책에서 계속 강조하는 것이 있습니다. 교육을 표준화하고 효율화하려다 보니 이해를 바탕으로 하는 교육이 이루어지기 어렵다는 것입니다. 여기서도 마찬가지입니다. 세 가지 이유 모두 시간 안에 진도를 빼야 하는 어려움 속에서 현실적으로 생겨나는 문제인 거죠. 이 점을 거꾸로 생각해보면 의외로 쉽게 답을 찾을 수 있습니다.

저는 아이들에게 이 부분을 가르치기 전에 문제를 하나 내줍니다. 이 문제가 '용어'를 포함하지 않고 있어야 하겠죠?

"빵을 3조각으로 자른 거랑 빵을 4조각으로 자른 걸 하나씩 가지고 있어. 그럼 나는 빵을 도대체 얼마큼 가지고 있는 걸까?"

4조각으로 자른 것을 내가 한 개 가지고 있고, 4조각으로 자른 것을 형이 두 개 더 가지고 있으면 합쳐서 4조각으로 자른 것 세 개가 되는 것은 이해되는데, 3조각으로 자른 거랑 4조각으로 자른 것을 하나씩 가지고 있다니…. 아이들은 혼란에 빠지게 됩니다. 여기서 통분을 생각해내는 아이를 저는 만난 적이 없습니다. 정답을 기대하는 질문이 아니라 생각하게 만들기 위한 질문이라는 의미죠.

그다음 질문입니다.

"어렵지? 왜 어려운 것 같아?"

아이들의 대답은 비슷합니다.

"4조각으로 자른 거랑 3조각으로 자른 거는 다르게 생겼는데 어떻게 더하면 되는지 모르겠어요."

"그럼 힌트를 하나 줘볼까? 3조각으로 자른 거 중에 하나는 같은 빵을 6조각으로 자른 거 몇 개랑 크기가 같을까?"

"두 개요."

여기서 잘 이해하지 못하면 그림을 그려줄 수도 있겠죠.

"그럼 9조각으로 자른 거면 몇 개랑 같아?"

"세 개요."

"12조각으로 자르면?"

"네 개요."

"그럼 4조각으로 자른 것 중에 하나는 8조각으로 자른 거 몇 개랑 같아?"

"두 개요."

"그럼 12조각으로 자른 거 몇 개랑 같아?"

"세 개요."

자, 이제 용어나 식을 쓰지는 않았지만 아이들의 머릿속에는 다음과 같은 개념이 생겼습니다.

$$\frac{1}{3} = \frac{2}{6} = \frac{3}{9} = \frac{4}{12}$$

$$\frac{1}{4} = \frac{2}{8} = \frac{3}{12}$$

최대공약수와 최소공배수를 가르치는
첫 단계 대화

"그럼 다시 문제로 돌아갈게. 빵을 3조각으로 자른 거 하나랑 빵을 4조각으로 자른 거 하나를 더하는 건 크기가 달라서 어려웠잖아. 근데 아까 방금 전까지 한 거 잘 생각해봐. 어떻게 하면 더할 수 있을 것 같아? 힌트는 3조각으로 자른 것 하나는 6조각으로 자른 것 두 개, 9조각으로 자른 것 세 개, 12조각으로 자른 것 네 개랑 같은 거라고 했지? 4조각으로 자른 거 하나는 8조각으로 자른 것 두 개, 12조각으로 자른 것 세 개랑 같고. 그럼 똑같은 게 나오지 않았어?"

"그럼 3조각으로 자른 것 하나랑 4조각으로 자른 것 하나는 12조각으로 자른 것 네 개랑 세 개니까, 12조각으로 자른 것을 합쳐서 일곱 개예요."

최대공약수/최소공배수를 가르치는 첫 단계에서는 이런 대화가 오고 가야 합니다. 물론 이런 대화가 쓰여진 그대로 진행된다는 보장은 없습니다. 아이의 반응에 따라 힌트가 더 주어져야 할 수도 있고 생략되는 부분이 있을 수도 있습니다. 중요한 것은 이 대화가 공약수/공배수를 배우는 이유, 그리고 공배수의 의미를 포함하고 있다는 것입니다.

그러면 아이들에게 어떤 질문이 나오면 이 부분을 잘 가르쳤다고 생각해도 될까요?

"왜 최대공배수랑 최소공약수는 없어요?"라는 질문은 어떨까요? 공식으로 최대공약수랑 최소공배수 구하는 법을 외우는 것이 아니라, 앞서 말한 질문으로 진짜 뜻을 이해하면서 배우는 교육이 이루어져야 합니다.

고등학교 과정에 갈 때까지 최대공약수/최소공배수를 구하는 법을 모르는 학생은 없습니다. 우리 어른들이 다음 진도를 빼기 위해서 마음이 조급한 것뿐입니다. 위에서 나눈 대화가 머릿속에 있는 아이들은 최대공약수/최소공배수를 배울 때 맥락 없이 스킬로 접근하는 아이들과는 당연히 차이가 날 수밖에 없습니다.

최소공배수요? 두 수의 배수 중 겹치는 게 공배수이고 그중 제일 작은 게 최소공배수일 뿐입니다. 지금 교실에서는 아이들에게 맥락 없이 스킬로만 수학을 가르치려 하고 있습니다. 의미를 잘 생각해보고 혼자 답을 찾아볼 시간을 주지 않는 거죠.

부모님들이 집에서 아이들을 도와주실 수 있다는 걸 잊지 마세요. 좋은 질문만 해줘도 아이의 수학 머리는 성장합니다. 맥락을 이해하지 못한 상태에서 스킬로만 답을 구하는 법을 배우는 수학 공부 방식은 고등학교 때 반드시 문제를 일으킵니다.

왜 3 나누기 $\frac{3}{2}$ 은
3 곱하기 $\frac{2}{3}$ 가 돼요?

학년이 올라가고 추상적인 개념이 나올수록 아이들의 의문은 더 깊어집니다. 앞에서 통분에 대해 이야기해보았는데요, 통분하는 방법과 그렇게 해야 하는 이유는 우리가 만질 수 있고 볼 수 있는 피자로 설명이 가능했습니다. 그런데 분수를 곱하고 나누는 것을 배우기 시작하면 어떤 교보재로도 그 이유를 쉽게 설명해줄 수 없게 됩니다.

$$3 \div \frac{3}{2} = 3 \times \frac{2}{3}$$

이 식을 본 아이들은 이런 질문을 합니다.

"왜 앞에 나누기가 있으면 곱하기로 바꾸고 분모와 분자를 바꿔줘요? 왜 3 나누기 $\frac{3}{2}$은 3곱하기 $\frac{2}{3}$가 돼요?"

제가 오랫동안 수학을 가르치고 부모님과 학생들을 만나오면서 느낀 바로는, 이런 질문을 하는 친구들은 대부분 공부를 잘합니다. 거꾸로 이야기하면 우리 어른들이 이런 질문을 할 수 있는 학생들의 지적 호기심을 충분히 채워주지 못하고 있는 거죠.

한마디로 공부를 잘하려면 지적 호기심이 있어야 하고, 그 지적 호기심을 행동으로 연결하는 습관을 갖고 있어야 합니다. 지적 호기심은 타고나는 부분도 분명히 있지만 질문을 많이 받고 질문에 대해 생각해볼 시간을 갖다 보면 상승한다는 연구 결과를 쉽게 찾을 수 있습니다.

분수 계산의 모든 것은 곱하기 $\frac{1}{3}$은 무슨 뜻이고, 나누기 $\frac{1}{3}$은 무슨 뜻인지 생각하면서 이 질문에 대답하고 노력하는 과정에서 습득할 수 있습니다. 곱하기 $\frac{1}{3}$은 무슨 뜻일까요? 곱하기 A

는 'A번 더한다.'라는 뜻이라는 것을 앞에서 이야기했습니다. 이 것을 이해했다면, A번 더하고 B번 더하면 다 합쳐서 A+B번만큼 더하게 되는 것도 이해했을 겁니다. 그럼 곱하기 $\frac{1}{3}$은 무슨 뜻인가요? 처음에는 잘 와닿지 않겠지만 3 곱하기 $\frac{1}{3}$을 3 번 더하면 3을 한 번 더하는 것과 같다는 것을 알 수 있습니다. ($3 \times \frac{1}{3} + 3 \times \frac{1}{3} + 3 \times \frac{1}{3} = 3 \times 1$) 그럼, 3 곱하기 $\frac{1}{3}$은 3을 3으로 나눈 1이 겠네요.

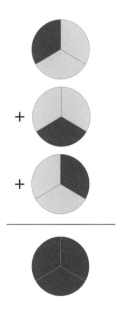

나누기 $\frac{1}{3}$도 생각해볼까요? 3 나누기 $\frac{1}{3}$은 무슨 뜻일까요? 빵

을 나눠 먹는 예를 많이 들었는데요, '빵이 세 개 있는데 이것을 $\frac{1}{3}$씩(즉, 3조각으로 자른 것 중 하나로) 나눠 가지면 몇 명에게 나눠줄 수 있을까?'라는 의미가 될 수 있겠죠. 그럼 빵 하나를 3조각 냈으니 3명이 먹을 수 있고, 빵이 세 개이니 거기에 3을 곱해서 9라는 답을 구할 수 있습니다.

곱하기 $\frac{1}{3}$은 결국 3으로 나눠주는 결과가 나왔고, 나누기 $\frac{1}{3}$은 결국 3을 곱해주는 결과가 나왔습니다. 여기서 조금 더 고민해서 $\frac{2}{3}$를 곱하고 $\frac{2}{3}$로 나누는 것도 생각해보면 좋겠죠. 시간이 걸리겠지만 그만큼의 가치가 있습니다. 답을 찾지 못해도 그 의미를 생각해보는 것은 꼭 필요한 과정입니다. 수학 실력이 쌓였을 때 어느 순간 아하 하고 이해되는 순간이 올 테니까요.

시험을 잘 보거나, 성적을 빠른 시간에 올려주는 비법을 알려주는 많은 글들은 공식이나 스킬을 적어두고 '이것만 외우면 된다.'라는 내용을 담고 있지만 적어도 수학은 그렇게 접근하면 안 됩니다. 코앞에 닥친 시험에서 당장 점수가 오를지언정 수능 시험에서 4점 문제를 풀지는 못할 겁니다. 앞에서 누차 강조했듯이 수학을 잘하는 아이들은 결국 더하기가 무슨 뜻인지, 곱하기가 무슨 뜻인지, 3분의 1은 무슨 의미이고 3분의 1을 곱한다는 것은 무슨 뜻인지 고민해보고 자신만의 해석을 가지고 있는 아이들입니다. 그렇게 공부하면 기존에 가지고 있던 지식과 결합되면서 오래 머릿속에 남을 뿐 아니라 필요할 때 언제든지 꺼내서 쓸 수 있는 지식이 됩니다. 스킬로 익히고 공식으로 암기하면 최소 6번에서 8번 정도 반복을 거쳐야만 머리에 저장되고, 저장되더라도 쉽게 손실됩니다. 막상 필요할 때 생각나서 활용할 수 있는 가능성이 낮은 건 물론입니다.

'분수 계산의 모든 것'은 기호로 적힌 식을 보면서 그 의미를 해석해내고 있는지 여부에 따라 정복할 수 있습니다. 계산을 빠르고 정확하게 할 줄 안다고 해서 안심하면 안 됩니다. 이 단계에서 단순히 공식처럼 기억하면 큰 문제 없이 넘어가겠지만 나중에 중고등학교에서 미지수나 변수가 섞여 나오면서 스스로 식을 만들어내야 하는 단계가 되면 분수의 의미를 깊게 이해하고 있느냐 여부에 따라 엄청난 차이가 발생합니다.

초등 저학년 때 추구해야 하는 것은 효율이 아니라 기본기

이렇게 기호 하나하나를 의미로 해석하고 수학을 언어로 받아들이게 하려면 질문만큼 좋은 게 없습니다. '이 식이 무슨 의미일까?' 질문을 하고 기다려주는 것이죠. 당장 흥미가 없어 보이고 큰 반응이 없어도 괜찮습니다. 제가 앞에서 한 설명을 아이가 다 이해하지 못해도 괜찮습니다. 억지로 이해시키려고 너무 노력하지 않으셔도 됩니다. 가장 중요한 건 아이가 그런 질문을 받는 겁니다. 질문을 통해서 '안다.'라는 말의 기준을 높이게 될 테니까요.(이 내용은 뒤에서 다시 다루겠습니다.)

초등학교, 중학교 저학년 과정에서 우리가 추구해야 하는 것은 효율이 아니라 기본기입니다. 손흥민 선수의 아버지도 실전 경험은 고등학교 때부터 쌓게 하고 그전까지는 기본기 훈련만 혹독하게 시켰다고 하죠. 꼭 기억하셨으면 좋겠습니다. 수학에서 기본기는 연산 반복 훈련이 아닙니다. 기호와 식의 의미를 이해하는 능력입니다.

왜 $\frac{2}{3}+\frac{3}{4}$은 $\frac{5}{7}$가 아니죠?

아이들이 손가락만으로는 수학 문제를 처리할 수 없게 되면서부터 수학은 추상적인 개념을 다루기 시작합니다. 그 시작이 분수입니다. 분수가 무슨 뜻인지까지는 얼추 이해했는데, 분수를 더하고 빼기 시작하면서 통분이라는 걸 사용하게 됩니다. 통분은 분모가 다른 두 분수의 분모를 같게 만들어주는 것을 이야기하는데요, 예를 들어서 $\frac{1}{4}$과 $\frac{1}{6}$을 통분하면 $\frac{3}{12}$, $\frac{2}{12}$가 됩니다. (이걸 하기 위해서 우리는 앞에서 최소공배수를 배웠습니다.)

다음은 어떤 부모님이 아들과 실제로 나눈 대화 내용입니다.

"자, 최소공배수를 배웠고 통분을 어떻게 하는지도 배웠지? 그럼 $\frac{2}{3}+\frac{3}{4}$는 얼마일까?"

"음… $\frac{5}{7}$?"

"통분하는 거 배웠잖아. 통분을 해야지. 통분은 어떻게 하는 거였지?"

"그냥 밑에 있는 것끼리 더하고 위에 있는 것끼리 더하면 안 돼?"

"이럴 때는 통분을 해야지."

"왜?"

"그때 배웠잖아. 왜 통분해야 하는지."

수학을 공부하는 아이들의 머릿속은 생각보다 복잡합니다. 통분을 해야 하는 이유를 납득한 동시에 저렇게 하는 것도 말이 되는 것 같은데, 그건 왜 안 되는 건지 역시 궁금한 거죠. 수학을 가르치는 것이 어려운 이유가 여기에 있습니다. 초등학교 아이들에게 어떻게 문제를 푸는지 알려주는 것은 어렵지 않지만 그렇게 해야 하는 이유, 다른 방법은 논리적으로 타당하지 않은 이유를 알려주는 것은 어렵습니다. 그리고 그것이 어려운 이유는 사실, 나도 생각해본 적이 없기 때문입니다.

수학은 하나를 배우면 모르는 것이 열 개가 생기는 학문입니다. 하나를 가르쳐주면 열을 아는 것이 영재라고 하는데 적어도 수학에서의 영재는 하나를 가르쳐주면 열 개의 새로운 고민을 생각해내는 사람이라고 할 수 있습니다. 그리고 그런 고민 중 상당수는 학교, 학원 선생님들에게도 쉽게 대답할 수 없는 질문들이기도 합니다. 예를 들면 우리가 알고 있는 파이(π)는 3.141592…라는 식으로 해서 순환하는 마디가 없는 무한소수인데요(이걸 우리는 무리수라고 하죠.), 그런데 그걸 우리는 어떻게 알았을까요? "무한하니까 계속 하다 보면 언젠가는 순환하는 마디가 나올지도 모르는 거 아닌가요?"라고 질문하면 사실 저도 쉽게 대답할 수 없습니다. 파이(π)는 고대 그리스의 수학자 아르키데메스^Archimedes 시절부터 사용됐고 모두가 무리수라고 생각했지만, 그것이 무리수라는 것이 실제로 증명된 것은 1700년대 후반입니다. 인류는 2000년 동안 파이(π)가 무리수라는 것을 엄밀한 증명 없이 사용하고 있었던 것이죠. 이처럼 수학은 인류에게 숙제를 던져주고 고민하게 만드는 학문입니다.

다시 처음에 나왔던 문제로 돌아가보겠습니다. 언뜻 생각하기에는 답답한 아이들의 이런 질문들을 덮어두고 넘어가자고 하는 대신 격려해주고 함께 고민해주는 것이 중요한 이유는 결국 수학은 철학이기 때문입니다. 반복해서 강조하고 있지만, 수학은 눈에 보이지 않는 관념들을 수와 그림, 기호를 도구로 구체화시키는 학문입니다. 반으로 쪼개진 사과와 컵의 절반을 채운 물을 '$\frac{1}{2}$'이라는 개념으로 묶어주고, 회로에 흐르는 전기와 스프링에 매달려 진동하는 추의 움직임을 똑같은 형태와 모양의 미분방정식 문제로 묶어주는 것이 진짜 수학입니다. 그리고, 결국 입시를 위한 수학 시험에서도 이런 사고를 해낼 수 있느냐 없느냐가 문제를 풀 때 가장 중요한 요소로 작용합니다.

피자를 통해서 통분을 배웠다고 하지만 그것이 컵에 들어 있는 물의 양이 되면 피자와 물의 양은 결국 분수라는 방법을 통해서 똑같이 표현할 수 있다는 것을 아이들은 관념적으로 쉽게 이해할 수 있을까요? 저 질문을 하는 아이들은 통분을 하는 방법을 모르는 것이 아니라(피자 이야기는 이해했지만) '$\frac{2}{3}+\frac{3}{4}$'라는 식을 철학적으로 납득하지 못하고 있는 겁니다. 여기서 만약에 "이럴 때는 통분을 하는 거야."라고 하면 대부분의 아이들은 고개를 끄덕끄덕하고 넘어가겠지만 사실 '이럴 때'가 정확히 무슨 의미인지 이해하지 못할 가능성이 높고, 무엇보다도 다시는 고민을 하지 않을 겁니다. 그리고 나중에 중고등학교에서 문자를 포함한 식이 나오면 그 의미를 이해하지 못해서 헤매는 일이 반복될 겁니다. 즉, 초등학교에서 고민했어야 하는 것을 중고등학교 과정으로 미루는 결과를 초래할 뿐이란 거죠.

제가 앞에서 용어를 가르치는 것부터 수학을 가르치면 안 된다고 말씀드린 적이 있습니다. 아직 늦지 않았습니다. 이제라도 그 용어의 의미를 깊게 고민할 시간입니다. 기존에 가지고 있던 지식들과 새로운 지식들 사이에 발생하는 미묘한 인지 부조화를 극복하면서 알 듯 모를 듯한 상태에서 고민을 반복하다 보면 이제는 다시 '외울 필요' 없는 지식으로 우리 뇌의 해마가 인정해주면서 장기 기억에 저장됩니다. 그런 지식들은 기존의 지식들과 결합되어서 쉽게 꺼내어 쓸 수 있고, 잊어버려도 아주 쉽게 재생되는 진짜 나의 지식이 됩니다.

저라면 아이의 질문에 이렇게 대답하겠습니다.

"네가 생각하기에 $\frac{2}{3} + \frac{3}{4}$ 은 무슨 뜻이야? 그걸 알아야 분모끼리 더하고 분자끼리 더해도 되는지, 아니면 그렇게 하면 안 되는지 알 수 있지 않을까?"

그리고 생각할 시간을 줘야 합니다. 아빠도 생각해볼 테니 내일 다시 얘기해보자고 말이죠.

통분의 개념을
가장 효과적으로 소화하는 방법

다음 날 우리 자녀에게 다시 이야기해보겠습니다.

"생각해봤어? 아빠도 생각을 해봤는데, 분모끼리 더하는 건 수학적으로 의미가 없는 것 같아. $\frac{1}{2}+\frac{1}{3}$을 빵으로 생각해도 둘로 쪼갠 거랑 셋으로 쪼갠 거를 더한다고 해서 다섯 개로 쪼갠 거랑 아무 상관도 없는 것 같고, 물도 만약에 30만큼 있는데, 그거의 $\frac{1}{2}$이랑 $\frac{1}{3}$이면 15랑 10이잖아. 그걸 더하면 25이고 $\frac{1}{5}$이면 6인데, 아무 상관도 없는 것 같지 않아?"

엄밀하게 말하면 수학적으로 맞는 이야기가 아닐 수 있습니다. 그러나 많은 교육학 전문가들은 초등수학에서는 '엄밀성'보다 '추론 능력, 논리적 사고력'을 길러주는 것이 더 중요한 목표라고 이야기합니다. 수학적 개념이 가지는 의미에 대해서 고민해보고 현상을 표현하는 도구로서 몸에 지니는 과정을 생략하고 계산을 빠르게 하는 연습을 해서는, 타고난 아이들 외에는 얻는 것이 거의 없다고 봐야 합니다.

왜 꼭 이렇게 해야 하느냐는 아이들의 질문을 반가워해주고 격려해주세요. 함께 고민하는 것이 중요하다는 것은 뒤에서 집중적으로 다루겠습니다. 수학에서 필요한 선행학습은 스킬을 미리 연습시키는 것이 아니라 "앞으로 수학에서 무엇을 배울 건데 그건 무슨 의미이고, 그걸 배우면 뭘 할 수 있게 되고, 그걸 배우기 위해서는 먼저 무엇을 알아야 한다."는 것을 알려주는 것입니다. 그리고 그 과정을 효과적으로 소화하는 가장 좋은 방법은 역시 질문하고 생각하는 시간을 주는 것입니다.

동그라미와 원의
차이는 뭘까요?

"원이 뭘까요?"

강의를 할 때 제가 아이들과 부모님들에게 자주 물어보는 질문입니다. 가장 먼저 튀어나오는 답은 언제나 "동그라미", "동그란 모양"입니다.

그럼 질문을 바꿔서 이 책을 읽고 계신 분들에게 물어보겠습니다.

"동그라미와 원은 뭐가 다른 걸까요?"

우리는 어렸을 때는 '동그라미'라는 말을 쓰다가 고학년이 되면 어느 순간 '원'이라는 말을 씁니다. '세모, 네모'도 '삼각형, 사각형'이라는 말로 바뀌게 되죠. 한자어로 된 말을 쓰면 더 멋있어 보이기 때문에 아이들에게 일부러 한자어로 알려주는 건 아닐까 생각하게 되기도 합니다.

동그라미, 세모, 네모는 원, 삼각형, 사각형과 같은 대상을 지칭하는 말입니다. 초등 과정에서는 이렇게 용어가 바뀌는 경우가 많이 있습니다. 초등 과정뿐 아니라 중고등학교 교과과정에서도 많이 있는 일입니다. 예를 들면 "중점이 뭐야?"라고 물어보면 중학생들도 "가운데요."라고 대답하는 경우가 대부분입니다. 하지만 시간이 흐르면서 "1, 3, 5 다음은 뭘까?"라고 물어보며 퀴즈처럼 배우던 것들에 '등차수열'이라는 이름을 붙이게 됩니다.

그런데 제가 그냥 '같은 말'이라고 하지 않고 '같은 대상을 지칭하는 말'이라는 표현을 쓴 데는 이유가 있습니다. 결과적으로는 같은 대상을 지칭하는 말이지만 교육을 받고 있는 학생들에게 기대하는 바가 다르기 때문에 엄밀히 말하면 용어로서의 기능이 다르다고 볼 수 있습니다. 동그라미, 세모, 네모라는 말을 쓰는 시기에는 생각할 수 없는 것들을 원, 삼각형, 사각형이라는 말을 쓰는 시기에는 생각해낼 수 있어야 한다는 의미입니다.

먼저 동그라미, 세모, 네모는 아이들로 하여금 어떤 이미지를 떠올리게 만드는 용어들입니다. 학술적으로 정확한 표현은 아니지만 '감각적 용어'라고 할 수 있습니다. 아이들은 동그라미가 무엇인지 정확하게 배운 적은 없지만 사람들이 동그라미라고 부르는 것들로부터 공통점을 찾아내고 그와 유사한 것들을 역시 동그라미라고 부르는 것이죠. 세모, 네모 역시 마찬가지입니다. 정확하게 무엇인지 설명은 할 수 없지만 아이들에게 많은 도형 중에서 네모가 뭔지 골라보라고 하면 자연스럽게 골라냅니다. 동그라미, 세모, 네모라는 용어를 쓰는 단계에서 아이들에게 기대되는 것은 이런 분류와 구분입니다. 그리고 초등학교 3학년 과정부터는 도형을 배울 때 앞으로 계속 사용하게 될 학술적인 용어를 사용하게 되면서 "원이 뭘까?" 같은 지금까지 받지 않았던 질문을 받게 됩니다.

지금까지 계속 동그라미라고 부르다가 똑같은 도형을 부르는 용어만 바뀌었는데 마치 처음 배우는 것처럼 원이 뭐냐고 물어보다니 이상하지 않나요? 그리고 이럴 거면 처음 배울 때부터 물어보지 않는 이유는 또 뭘까요?

배움의 순서를 잘 이해하는 것은 공부를 효과적으로 하는 데 굉장히 큰 도움이 됩니다. 앞의 다른 글에서 수학 용어에 대한 이야기를 한 적이 있습니다. 분수를 배울 때도 마찬가지로 용어부터 배우면 안 된다고 말씀드렸죠. 분수를 배울 때 번거롭더라도 가능하면 오랫동안 분자/분모라는 표현 대신 피자를 몇 조각으로 쪼갠 것 중 몇 조각이라는 표현을 쓰는 것이 효과적이라고요. 분수에 대해서 이야기할 때 용어 없이 감각적으로 먼저 익힐 수 있도록 충분한 시간을 투자하라고 말씀드렸습니다. 도형도 마찬가지입니다.

감각적으로 개념을 먼저 익히는 것이 수학을 배우는 과정에서는 가장 효과적인 공부 방법입니다. 절대로 그 과정을 생략하려고 해서는 안 되고, 그다음 단계로 잘 넘어가는 것 역시 중요합니다. 이 글에서 이야기하고 있는 것이 바로 '그다음 단계'입니다. 어떤 개념을 감각적으로 충분히 익히고 난 후에는 반드시 개념을 정확하게 정의하고 넘어가야 합니다.

처음 질문으로 돌아가볼게요. "원은 무엇일까요?" 여러 가지 정의가 존재할 수 있지만 가장 일반적인 것은 "중심에서부터 같은 거리만큼 떨어진 점들을 다 모아둔 도형이 원입니다."라고 할 수 있습니다. 조금 더 쉽게 이야기하면 반지름이 5인 원은 '중심에서 거리가 5만큼 떨어진 점들'을 다 모으면 만들 수 있습니다.

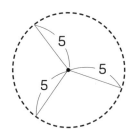

세모도 마찬가지입니다. 매일 세모라고 부르던 도형을 삼각형이라고 부를 때 우리는 아이들에게 "삼각형이 뭐야?"라는 질문을 해야 합니다. 삼각형의 정의는 한 평면 위에 있는 직선 세 개가 만나서 이루는 도형인데 그 직선 중에서 서로 평행한 쌍이 없는 도형입니다.

수학 언어를 체화시키면
수학을 잘하는 아이가 된다

"원이 뭐야? 삼각형이 뭐야?"라는 질문에 대답을 하게 되면 어떤 점이 좋은 걸까요? 크게 두 가지가 있습니다.

첫째는 공식이 필요 없어진다는 점입니다. 중고등학교에서 학생들이 가장 어려워하는 부분은 기하와 관련된 공식이 너무 많고 언제 어떤 공식을 써먹어야 하는지 감을 잡기가 힘들다는 겁니다. 그런데 기하 파트에서의 공식은 대부분 말을 식으로 옮긴 것에 불과합니다. 예를 들면 "원의 방정식은 원 위의 한 점을 (x, y), 원의 중심을 (a, b)라고 했을 때 (a, b)로부터 (x, y)까지의 거리는 반지름 r과 같다."라는 말을 식으로 옮긴 것에 불과합니다. 원뿐 아니라 기하 파트에 나오는 공식 대부분이 그렇습니다. 결국 도형에 관련된 부분을 많은 학생들이 어려워하지만, 도형의 이미지를 잘 이해하고 있고, 그 이미지를 말로 정확하게 표현한 다음 그 말을 식으로 옮기는 것이 가능해지면 가장 쉬운 파트가 될 수도 있습니다. (그래서 많은 일타 강사들이 수능 선택 과목으로 기하를 선택하라고 권유하기도 하죠.)

둘째는, 쉽게 지식을 확장할 수 있게 되면서 공부를 훨씬 효율적으로 할 수 있습니다. 원이 무엇인지 정확하게 이야기할 수 있는 아이들은 고등학교에 배우는 '자취의 방정식'을 거의 공짜로 공부할 수 있습니다. 예를 들어 "두 개의 점이 있는데 이 두 개의 점으로부터 거리의 비율이 1:2인 점들을 다 모으면 어떤 모양이 될까?"라는 문제를 고등학교 자취의 방정식 영역에서 배우고 이 문제를 '아폴로니우스의 원'이라고 부릅니다. 많은 아이들을 가르치면서 보니 도형의 정의를 정확하게 이야기할 수 있는 학생은 이 문제를 몇 번만 풀어보면 (그래서 이런 문제는 결국 원의 모양이 나온다는 것을 알면) 공식 없이 암산으로 몇 초 만에 푸는 것이 가능합니다. 하지만 도형의 정의를 정확하게 이해하지 못한 학생은 아무리 설명을 해줘도 공식 없이는 설명을 이해하지 못하고, 이 문제를 푸는 데 10배도 넘는 시간이 필요합니다. 결국 개념을 이미지로 잘 이해한 후에 말로 정확하게 설명하고 식으로 옮기는 과정을 잘 연습한 친구는 그렇지 못한 친구보다 공부하는 시간, 문제를 푸는 데 걸리는 시간을 획기적으로 아낄 수 있게 됩니다.

여기까지 저를 잘 따라오신 분은 "수학은 언어"라는 말이 점점 납득이 갈 거라고 생각합니다. 분류와 구분을 통해서 감각으로 익힌 경험들을 어느 순간 정확하게 정의하고, 그 정의에 기반해서 개념을 확장해가는 것이 결국 수학을 공부하는 방법이고, 이건 언어를 배우는 과정과 다르지 않습니다.

많은 학생이 (중고등학생도) "원이 뭐야?"라는 질문에 정확하게 대답하지 못합니다. 그저 원의 방정식을 열심히 외우고 여러 가지 유형의 문제 풀이 방법을 기계적으로 연습하고 있습니다. 이런 친구들은 절대로 어렸을 때 "원이 뭐야?", "직선이 뭐야?" "삼각형은 뭐야?"라는 질문을 받고 고민하고 대답해본 친구들을 이길 수 없습니다.

아이들에게 한번 "원이 뭐냐?"고 물어보세요. 그리고 동그라미 수준의 이미지만 가지고 설명을 하고 있다면 조금 삐뚤어진 원을 그리고 "그럼 이것도 원이야?"라고 물어보세요. 질문을 받은 아이들은 생각하는 시간을 갖게 될 겁니다. 인터넷에서 원의 정의를 검색하면 정답을 쉽게 찾을 수 있습니다. 그렇지만, 이 글을 이해한 분이라면 고민해보는 시간 없이 그 정의를 알려주는 것은 또 하나의 암기거리만 늘어나게 하는 것뿐이라는 사실을 알고 계시리라 믿습니다.

타고난 아이만 잘할 수 있는
시스템에서 벗어나기

벌써 LEVEL 1의 마지막 글입니다. 지금까지 저를 잘 따라왔다고 가정하고 다음 이야기를 해보겠습니다. 우리나라 수학교육이 왜 생각만큼 빠르게 바뀌지 못하는지, 우리는 어떻게 하면 좋을지라는 의문에 대한 저의 솔직한 답변입니다.

이 책에서 풀어온 이야기들에 대한 고민은 사실 저만의 고민이 아닙니다. 교육 현장에서 더 오래 머문 분들 가운데 이런 고민을 하시는 분들을 많이 봐왔습니다. 학교, 학원, 개인 교습 등 어떤 형태로 교육을 하고 있는지를 떠나서 수학교육에 대해 고민을 하는 사람이라면 깊이와 방향이 다를지언정 비슷한 생각을 해보지 않았을 리 없습니다.

우리나라 수학교육은 왜 빠르게 문제를 풀어 맞는 답을 골라내는 것에 치중하고 있는 걸까요? 충분한 시간을 주고 고민하고 토론하는 게 중요하다는 것을 모르는 사람이 없는데 왜 결국은 문제 푸는 기계처럼 아이들을 훈련시키고 있는 걸까요? 심지어 성적을 잘 올려준다는 학원의 입학 시험을 위해 다른 학원을 보내고 있는 현실은 어떻게 하면 나아질 수 있을까요?

이 질문에 답하기 전에 상황을 하나 제시해보겠습니다.

과외 선생님을 고용했습니다. 잘 가르친다고 소문이 나서 모셨는데 다른 선생님들과는 조금 다릅니다. 일단 수업 시간이 굉장히 조용합니다. 문에 귀를 대고 들어보니 선생님은 아이에게 질문을 던져놓고 답을 기다립니다. 1분 정도 지났는데도 가만히 있습니다. 아이가 잘 모르겠다고 하니 힌트를 주고 또 5분을 기다립니다. 10분일 때도 있습니다. 2시간 수업이 끝나고 아이한테 오늘 무엇을 배웠냐고 물으니 식 두 개 가지고 2시간 동안 이야기했다고 하고, 몇 문제 정도를 스스로 풀도록 도와줬다고 합니다. 숙제는 어떤 걸 내줬냐고 물어보니 질문을 하나 던져주고 일주일 동안 고민해보라고 했다고 합니다.

여러분이라면 이 선생님을 어떻게 하시겠어요?

저 상황 속 선생님은 제가 한창 과외 교사로 활동할 때의 모습입니다. 저는 굉장히 인기 많은 과외 선생님이었습니다. 소개는 끊이지 않았고 심지어 서울대 동문 선배의 부탁으로 자녀, 동생을 가르친 적도 많았습니다. 아이들이 저와 공부하면서 재미있어 한다는 이야기는 거의 모든 가정에서 들었습니다. 하지만 저는 참 많이 잘리기도 했습니다. 위에서 얘기한 상황을 떠올려보면 부모님들이 왜 어렵게 고용한 저를 잘라야 했는지 심정적으로 이해가 가실 겁니다.

저에게 막강한 힘이 있다면 해결하고 싶은 아이러니가 여기에 있습니다. 제가 만난 부모님들은 모두 '제대로 된 교육'을 원했습니다. 그런데 막상 우리 아이가 제대로 된 교육을 받게 되면 대부분의 부모님들은 굉장히 불안해합니다. 아이의 사고력을 길러주는 교육이 중요하다고 생각하지만 입시 준비에는 불리한 방향이 아닐까 걱정하는 부모님들의 고민을 저는 아주 오랫동안 아주 많이 들었습니다.

제가 부모님들에게 입시를 신경 쓰지 말고 아이들을 교육하라고 이야기해봐야 소용이 없을 겁니다. 우리나라에서는 아무도 입시로부터 도망갈 수 없으니까요. 하지만 입시와 관련된 사람들이 어떤 입장인지 생각해보는 것은 생각의 방향을 바꾸는 데 큰 도움이 될 수 있습니다.

결론부터 말하면 토론하고 고민하는 수학이 입시에는 불리하기 때문에 그렇게 교육하지 않는 것이 아닙니다. 토론하고 고민하는 수학을 할 수 없기 때문에 하지 못하는 것뿐이죠. 지금의 교육 시스템을 돌아가게 만드는 가장 큰 에너지원은 부모님들의 불안입니다. 그러나 이 모든 것들은 결국 '타고난 아이들만 잘할 수 있는 시스템'으로 귀결됩니다.

먼저 학교 선생님들에게는 진도의 압박이 있습니다. 우리는 교과서의 모든 부분을 다 학습해야 합니다. 선생님이 중요한 부분에 더 많은 시간을 할애할 수 있는 여유가 없습니다. 혹여 대충 넘어간 부분에서 모의고사 문제라도 나오는 날에는 큰 비난과 질책을 감수해야 합니다. 토론하고 물어보고 기다릴 시간은 없다고 보는 게 맞습니다.

학원이나 교습소를 운영하는 선생님들도 결국 잘하는 아이들에게 맞춰 수업을 진행할 수밖에 없습니다. 사교육 과열을 막고 교육 기회의 평등을 위해 사교육비는 법으로 규정되어 있습니다. 지역에 따라 다르지만 고등학생 한 명을 가르쳤을 때 받을 수 있는 학원비는 보통 1분에 200원 남짓입니다. 일주일에 3시간씩 3번 간다고 하면 약 40만 원을 내는 구조입니다. 실력에 아무리 자신 있어도 짧은 시간에 돈을 많이 받을 수 없기 때문에 수익을 내기 위해서는 학생을 많이 모으는 수밖에 없습니다. 아이러니하게도 잘하는 아이들에게 초점을 맞추면 다른 아이들이 따라오는 구조이다 보니 결국 원래 잘하는 아이들에게 포커스를 맞출 수밖에 없습니다. 5등급 받던 학생을 3등급으로 만든다고 학원에 따라올 학생은 많지 않습니다. 하지만 1등급 받던 학생이 다니는 학원은 성적이 오르지 않아도 많은 친구들이 따라옵니다. 고등학교 때 저를 따라 학원에 온 친구들이 30명도 넘었습니다. 그러니 결국 대부분의 학원은 잘하는 아이들에게 포커스를 두게 됩니다. 많은 학생들이 그냥 공식을 외우고 넘어가는 것을 알지만 수업의 중심은 어차피 꼭 이 학원에 다니지 않아도 되는 친구들입니다.

이런 경쟁 사회 속에서 부모님들은 어떤 생각을 하고 있을까요? 의외로 많은 부모님들이 가장 걱정하는 부분은 '나중에 아이가 커서 왜 어렸을 때 안 해줬냐고 나를 원망하면 어쩌지?'라는 것입니다. 이런 생각은 결국 보수적이고 안정적인 결정을 하게 만들고, 부모님들은 주위 사람들과 비슷한 방식을 택하게 됩니다. 진도가 늦거나 트레이닝(교육이 아닌 트레이닝이라고 부르겠습니다.)의 강도가 낮아지면 불안해하면서 오히려 기존의 시스템을 강화하는 쪽으로 반응이 모아집니다. 제가 왜 잘나가는 과외 강사이면서도 많이 잘렸는지 설명되지 않나요?

공부 잘하는 초등학생을 만들지 못 해 불안해할 필요가 없다

저는 지금의 교육 시스템을 비판하려는 게 아닙니다. 오히려 부모님들이 불안해하실 필요가 없다는 이야기를 하려는 겁니다. 초등학교 때 공부 잘하는 아이를 만들기 위해 조바심 내고 불안해하실 필요가 없습니다. 위에서 말씀드린 각자의 입장이 물고 물려서 지금의 시스템이 유지되고 있을 뿐이지 어렸을 때부터 학원에 열심히 다니는 것이 성적을 올리는 길이라고 생각하는 사람은 그 누구도 없습니다. 학교 선생님, 학원 선생님, 과외 강사, 입시 전문가들 모두 '타고난 아이들 혹은 어렸을 때부터 생각하고 질문하는 연습을 해온 아이들이 결국 잘한다.'라는 것을 부정하지 않거든요. 그 선생님들도 아마 제가 이 책에서 말하는 대로 교육하고 싶을 겁니다. 그렇게 하면 평범한 아이들 누구나 좋은 성적을 받을 수 있을 테니까요.

과외 강사, 학원 강사, 교육 블로거, 유튜버, 아빠로서 교육 시스템의 안과 밖에서 오랜 시간 지켜본 결과 지금의 주입식 교육 시스템은 그 누구의 잘못이라고 꼬집어 말하기 어렵지만, 한 가지 확실한 것은 부모님들이 불안해하지 않으면 지금의 시스템은 유지될 수 없다는 겁니다. 조금 더 적나라하게 이야기하면, 많은 부모님들이 아이들을 생각하는 아이로 만드는 효과를 깨닫고 그 방법을 실천한다면, 또 그 결과로 초등학교 때부터 불안해하지 않는다면 우리 모두가 바람직하다고 생각하는 방향으로 교육은 바뀔 수 있습니다.

그럼 누가 그 일을 할 수 있을까요? 다행히도 저와 같은 과외 강사가 자주 잘리는 시대가 아닙니다. 지난 20년 사이에 부모님들이 공부하고 고민하면서 인식이 많이 변했다는 것을 확연하게 느낍니다. 이 책을 읽고 계신 부모님들이 불안감을 떨치고 옳은 방향으로 확신을 가지고 노력하기를 바라는 마음으로 이야기를 계속 해보겠습니다.

집중하는 아이로 만들기 위해
꼭 필요한 시간

우리 아이가 공부를 잘 못한다면, 여러분은 어디서 그 원인을 찾으시겠어요? 타고난 공부 머리가 없어서? 아니면 사교육이 부족해서? 친구를 잘못 만나서? 공부를 잘하지 못하는 원인은 한 가지인 경우보다 여러 가지 이유가 복합적으로 작용하는 경우가 많겠지만, 제가 만난 대부분의 부모님이 공부를 잘하지 못하는 원인으로 뽑는 한 가지가 있습니다.

"아이가 공부하겠다고 앉아는 있는데 집중하지 못하는 것 같아요."

한마디로 집중력 부족입니다. 몰입을 강조하는 시대이지만, 역설적으로 몰입하기 힘든 시기입니다. (몰입과 집중은 약간 다릅니다만 이 글에서는 구분하지 않고 쓰겠습니다.) 점점 집중하기 힘든 세상이 되어가고 있는 것은 틀림없습니다. 전문가들도 사람들의 도파민 중독을 걱정하고, 경고하고 있습니다. 아이들이 할 일이 없고 심심해서 책을 보던 시대는 아마 다시 오지 않을 겁니다. 문제는 이런 시대에도 우리에게 집중력, 사고력은 포기할 수 없는 요소라는 것입니다. 좋은 성적을 받기 위해서도 그렇고, 사회에서 경쟁력 있는 사람으로 살아가기 위해서도 마찬가지입니다.

제가 서울대학교 재료공학부에서 공부하던 시절에 황농문 교수님께서 '몰입'이라는 주제에 대해 이야기하며 화제가 되기 시작했습니다. 교수님은 수업에서도 몰입의 중요성에 대해서 많은 시간을 할애해 이야기하셨는데 가장 기억에 남는 내용은 몰입 자체를 위한 훈련과 노력이 필요하다는 말씀이었습니다. 즉, 그냥 '지금부터 집중해야지~' '열심히 한번 해봐야지.'라고 결심한다고 해서 집중하고 몰입하게 되는 것이 아니라는 겁니다. 이 이야기를 들으면서 같이 수업을 듣는 친구들과 이야기했을 때 대부분의 친구들은 그 몰입의 상태에 들어가 본 적이 있다고 이야기했던 것도 기억에 남습니다. 그럼 어떤 노력을 하면 몰입하고 집중할 수 있게 되는 걸까요? 황농문 교수님의 주장처럼 뇌가 폭발적으로 일하는 상태를 만들 수 있을까요?

다행히도 최근에 급격하게 발전하고 있는 뇌 과학에서 도움을 얻을 수 있습니다. 우리 아이를 집중력 있는 아이로, 사고력 있는 아이로 기르는 가장 효과적인 방법은 다소 의외입니다.

아무것도 하지 않을 때 활성화되는 뇌

바로 '아무것도 하지 않는 시간'을 만드는 것입니다. 뇌 과학에 따르면 뇌에는 그간 쌓인 지식들을 정리하여 체계화하는 부위가 존재하고, 그 부위를 '디폴트 모드 네트워크Default Mode Network'라고 합니다. 그런데 놀랍게도 그 부위의 기능이 가장 활성화되는 시간은 아무것도 하지 않을 때입니다. 열심히 공부하고, 정보를 수집한 이후에 소위 말하는 멍 때리는 시간이 생기면, 디폴트 모드 네트워크가 지금까지 얻은 지식을 정리하고 나중에 활용 가능하도록 색인index도 만든다는 것이죠. 뿐만 아니라 그동안 느끼고 쌓아왔던 감정들을 정리하는 역할도 합니다.

뇌 과학 이야기를 하니 굉장히 새로운 정보 같지만, 사실 어디서인가 들어본 이야기 아닌가요? 옛말에도 새로운 생각을 해내는 장소로 삼상三上을 꼽았었죠. 말 위馬上, 침대枕上, 화장실廁上

입니다. 즉, 아무 생각 없이 있는 그 순간입니다. 이 책을 읽으시는 여러분도 산책을 하거나, 대중교통에 타서 앉아 있거나, 샤워를 하는 중에 생각이 정리되는 느낌을 받은 적이 있을 겁니다.

이런 순간이 위대한 발견, 발명으로 연결되는 사례는 역사속에서 얼마든지 찾을 수 있습니다. 뉴턴이 멍하니 앉아 떨어지는 사과를 바라보다가 만유인력에 대한 힌트를 얻었다는 이야기, 아르키메데스Archimedes가 목욕탕에서 부력의 원리를 생각해내며 "유레카"를 외친 이야기 등이 있습니다. 빌 게이츠Bill Gates나 스티브 잡스Steve Jobs 같은 최고 경영자들도 중요한 결정을 하기 전에는 모든 연락을 끊고 사람이 없는 곳에 틀어박힌다는 것은 잘 알려진 이야기입니다. 저도 비슷한 경험이 많이 있습니다. 친구와 함께 일본의 한 성당에서 벽에 그려진 무늬를 멍하니 바라보다가 박사 논문에 힌트가 될 만한 아이디어를 얻고 연구실로 뛰어간 적이 있습니다.

디폴트 모드 네트워크는 단순히 공부에 더 집중하게 되는 것뿐만 아니라, 이미 말씀드린 것처럼 감정적인 부분, 정서적인 부분에서도 큰 역할을 합니다. 다툼이 있었던 사람과 입장을 바꾸어 생각해보고 이해하게 되는 것, 용서할 수 없을 것 같았던 사람을 용서하게 되는 것, 잊은 줄 알았던 사람이 생각나는 것, 지쳤던 마음을 추스르고 다시 힘을 내는 것, 이런 일들은 모두 아무것도 하지 않을 때 일어나는 일입니다. 바로 디폴트 모드 네트워크의 작용입니다.

디폴트 모드 네트워크의 기능을 이해하면 지금 한국 교육에서 부족한 점이 무엇인지 조금은 깨닫게 됩니다. 우리가 열심히 설명을 듣고 문제를 푸는 동안에는 지식이 머리에 잘 쌓이지 않고, 암기했다 하더라도 나중에 활용 가능한 상태로 저장되지 않습니다. 공부해야 하는 이유를 찾고 스스로에게 동기부여하는 일은 바쁘게 움직이는 동안에는 일어나지 않습니다. 이런 일들이 일어나게 하기 위해서는 아무것도 하지 않는 시간을 의도적으로 노력해서 확보해야 합니다. 아무런 노력을 하지 않아도 쉽게 할 수 있는 활동을 하면서 우리의 생각을 정리하고 체계화하는 습관을 가져야 하는 거죠. 산책하기, 명상하기, 단순 반복 작업(콩나물 다듬기 같은 것), 목욕하기 같은 습관을 의도적으로 일과에 포함시켜야 합니다.

위에서 말씀드렸지만 이런 시간은 노력한다고 쉽게 만들어지지 않습니다. 일단 우리의 환경이 계속 많은 자극을 주고 있고, 지금 당장 해야 할 일도 너무 많습니다. 그렇지만(황농문 교수님의 이야기처럼) 연습하면 점점 깊은 몰입의 상태를 경험할 수 있고, 몰입의 시간도 길어집니다. 그래서 저는 아이들에게 자기 전에 "말 안 하기 시간"을 갖자고 이야기합니다. 특히나 게임을 하거나 영상 매체를 많이 접했던 날은 꼭 '말 안 하기 시간'을 가져줘야 합니다. 처음에는 그 짧은 시간을 버티지 못하던 아이들이 이제는 제법 스스로를 통제하고 시간도 재면서 어두운 방 안에서 긴 시간을 잘 보냅니다. 아무것도 하지 않는 시간을 보내는 것은 연습과 훈련으로 익숙해지는 것이 가능하다는 방증입니다.

반대로, 집중력을 기르기 위해서 반드시 피해야 하는 것은 무엇이 있을까요? 뇌가 쉬어야 할 때 무엇을 하고 있는지 인지하고, 그것을 하지 않는 것이 중요합니다. 대표적으로 공부하다가 쉬는 시간에 휴대폰을 보면서 시간을 보내는 것을 들 수 있습니다. 우리는 머리가 복잡하고, 쉬고 싶을 때 잠시 휴대폰을 본다고 생각하지만, 휴대폰을 보고 있는 동안 뇌는 엄청나게 자극을 받고 있습니다. 공부하다가 휴대폰을 보는 건, 축구를 하다가 쉬는 시간에 100미터 달리기를 하는 것과 같은 거죠. "숙제 끝내면 게임하게 해줄게."라는 이야기가 어떤 부작용이 있는지 이해가 가셨으리라 생각합니다.

이 글을 읽다 보니 실천하기 쉽지 않겠다 생각이 드실 수도 있습니다. 역설적으로 제가 지금 이 글에서 하는 이야기는 실천이 어렵기 때문에 글로 쓰고 있습니다. 실천하기 쉬운 일이라면 굳이 글로 쓰고 이야기할 필요도 없겠죠. 아이들에게 어려운 것을 실천하도록 하는 가장 좋은 방법이 있습니다. 바로 부모님이 함께 실천하는 겁니다. 일주일에 두 번 정도 함께 조용히 산책하는 시간을 갖거나 모바일 기기, TV 없이 멍하게 있는 시간을 함께 가져보면 어떨까요? 어느 순간 아이의 집중력이 좋아지는 것을 느끼실 수 있을 거라고 확신합니다. 또, 그런 시간에 무슨 생각이 들었는지 스스로 인지해보는 것도 무척 중요합니다. 산책을 하면서 무슨 생각을 했는지 이야기해보면 자녀의 흥미, 최근의 고민에 대해서도 더 잘 이해할 수 있을 겁니다.

문제를 많이 푸는 게 중요한 게 아닙니다. 수학은 다양한 유형으로 문제를 내기 쉬운 과목이고, 문제 유형을 많이 다뤄봤다 해서 새로운 유형이 나왔을 때 풀 수 있는 게 아닙니다. 어려운 문제를 풀어내려면 그때그때 지식을 활용해서 해결의 실마리를 찾을 수 있는 사고력이 필요합니다. 문제 풀이를 위한 공부가 아니라, 나중에 어떤 것들을 배우고 수학을 열심히 하면 이런 것까지 생각할 수 있다는 것을 아이들에게 알려주세요. 수학 머리의 초석이 될 겁니다.

LEVEL 2.

상식을 깨뜨리면서 배우는
수학 언어

초등학교 고학년, 중학교

| 음수의 이해 (수의 체계) | 좌표평면 | 순환소수 | 기하 | 미적분 | 무한의 개념, 허수 |

지금까지 알고 있던
선행학습의 의미는 틀렸다

    이번 장에서는 진정한 의미의 선행학습에 대해서 이야기해 보겠습니다. 지난 장에서는 초등학교 과정에서 꼭 질문해보고 넘어가야 하지만, 그냥 넘어가기 쉬운 것들에 대해 이야기해보 았습니다. 이번 장에서는 초등학교 과정에서 다루는 이야기들은 아니지만, 중고등학교 수학을 잘하기 위해서 이해해두면 좋은 개념들을 다루어보려고 합니다.

    '중고등학교 수학을 잘하기 위해서 이해해두면 좋은 개념들' 에 대해 본격적으로 이야기를 시작하기 전에, 우선 선행학습의 진정한 의미에 대해 짚고 넘어가겠습니다. 선행학습은 무엇인지, 어디서부터 어디까지 해야 하는지, 어떻게 하면 좋을지에 대해서 얘기해보겠습니다.

선행학습의 진짜 의미부터 정의해보겠습니다. 선행학습은 '중고등학교 과정의 수학을 잘 배우기 위해서, 미리 이해해두면 좋은 개념들을 배우는 것'입니다. 우리가 흔히 자녀에게 시키고 있는 선행학습은 '그 단원의 시험 공부를 미리 하는 것'에 해당합니다. 특히 제가 앞의 글에서 선행학습과 심화학습에 대해 이미 여러 번 이야기했지만, 수학을 어려워하는 아이들에게 진도를 미리 빼는 선행학습, 어려운 문제를 주는 심화학습을 시킨다고 해서 수학을 잘하게 되지는 않습니다. 이미 지나간 과정에서 이해하지 못한 부분을 보충해줘야 하는 아이들, 새로운 문제에 접근하는 방법을 모르는 친구들이라면 더욱 그렇습니다. 진정한 선행학습은 새롭게 배울 내용의 문제를 먼저 풀어보는 것이 아니라, 앞으로 배울 내용들을 더 잘 배울 수 있도록 도와주는 면에서 의미가 있습니다.

이 지점에서 부모님들은 이렇게 질문을 하곤 합니다.

"그러면 어디까지, 어떻게 선행학습을 시켜야 하는 건가요?"

속 시원하게 이런 답을 원하는 경우가 많습니다.

"몇 학년 여름 방학에는 어디어디까지 해보는 게 좋고요, 몇 학년 몇 학기까지는 최소한 여기까지 나가야 해요."

딱 부러지는 답을 원하는 부모님들께는 안타까운 이야기이지만, 아이들을 가르쳐보고 전문가들의 자문을 구해봐도 결론은 한 가지이고, 이렇게 말씀드릴 수밖에 없습니다.

"아이에 따라, 지금의 상황에 따라 선행학습은 다 다릅니다."

저는 교육학을 전공하지 않았기 때문에 이 문제에 대해서 수많은 전문가들에게 의견을 묻고 책을 찾아보면서 공부를 했지만 표준화를 시킬 수 없었습니다. 그리고 시켜서도 안 된다는 답을 내렸습니다.

아이에 따른
효과적인 선행학습 솔루션

벨라루스 출신의 비고츠키^{Vygotsky}가 약 100년 전에 제시한 근접 발달 영역(ZPD, zone of proximal development) 이론에서는 배우는 사람이 '혼자 할 수 있는 것'과 '누군가의 도움을 받으면 할 수 있는 것'을 구분합니다. 그리고 도움을 주는 것이 교육자의 역할이라고 하고, 교육자와 학습자 간의 상호작용을 강조합니다. 일방적인 가르침이 아니라 힌트를 주거나 질문을 통해 답을 이끌어내는 교육 방법은 대부분 이 이론에 근거하고 있습니다. 누군가의 도움을 받으면 해낼 수 있는 영역이 바로 '근접 발달 영역'인 것이고, 이 영역 내에서 교육이 이루어질 때 가장 효과적이라고 합니다.

제가 하고자 하는 이야기가 무엇인지 눈치챈 분들도 이미 있을 겁니다. "선행학습을 어디까지 시키면 될까요?"라는 질문이 중요한 것이 아니라, 우리 아이의 근접 발달 영역을 파악하고, 그 안에서 효과적인 학습이 이루어질 수 있도록 솔루션을 제공하는 것이 핵심입니다. 이 명제를 염두에 둔 상태로 고민을 해보면 의외로 많은 부분이 단순해집니다.

선행학습의 목적은 진도를 미리 빼는 것이 아니라 아이가 혼자서는 도달할 수 없는 영역에 선생님 혹은 부모님의 도움을 통해 가보고 부딪쳐보는 과정을 거치는 것이어야 합니다. 즉, 아이가 혼자서도 할 수 있는 것을 미리 배우거나, 배우더라도 스스로의 힘으로 해결할 수 있도록 발전하지 않는다면 의미 없는 학습 과정을 반복하고 있는 것입니다.

비고츠키의 이론에 바탕을 두고 발전한 구성주의 교육에서는 바람직한 교육의 단계를 아래와 같이 제시하고 있습니다.

1. **모델링**^{Modeling}: 선생님이나 부모님이 먼저 시범을 보여줍니다.
2. **코칭**^{Coaching}: 따라 해보게 하거나 과제에 대해 설명해주고 동기부여 하는 과정을 거칩니다.
3. **스캐폴딩**^{Scafolding}: 혼자서는 수행하기 어려운 과제를 학생이 도전하 도록 옆에서 지원하고 힌트를 주거나 돕습니다. 중요한 것은 학생 이 익숙해질수록 점차 그 지원을 줄여야 한다는 것입니다.

이 책에서 말하고자 하는 '선행학습'은 진도를 빼고자 하는 목적이 아닙니다. 중고등학교에서 배울 교과과정의 '수학적 개 념'을 먼저 이해하고 그것을 바탕으로 주어진 문제를 해결할 수 있는 능력을 길러주는 것이 목표입니다. 어차피 배울 내용인데 써먹지도 못할 공식을 알려주는 것은 의미가 없습니다. 스스로 에게 질문하고 문제를 해결하는 상태에 이를 수 있도록 도와줘 야 합니다. 스스로 질문하는 모습을 보여주고, 이런 질문이 왜 필요한지 알도록 설명해준 후 질문에 대해 고민할 시간을 주세 요. 결과적으로는 이런 프로세스를 통해 아이들은 스스로에게 질문하고 고민하는 과정을 체화하게 됩니다.

개별 진도 학습을 시켜주는 사교육 기관들이 생겨나고 있습니다. 얼핏 생각하면 그래도 아이의 수준에 맞게 교육을 시켜주니 여기서 이야기한 것과 비슷한 것이 아닌가 생각할 수 있습니다. 그러나 중요한 것은 혼자 문제를 풀 때까지 내버려두고 관리해주는 것이 아니라 선생님과 부모님이 학생에게 적절한 힌트를 주면서 문제에 대해서 끈기 있게 고민하도록 스캐폴딩 작업을 해줘야 한다는 겁니다. 스스로 생각해볼 것을 강조하지만 많은 경우에 선생님이 문제 풀이를 다 해주거나, 또는 스캐폴딩 없이 문제를 풀도록 합니다. 이런 방법으로는 근접 발달 영역 내에서 교육을 하고 있다고 말할 수 없습니다.

이 책에서 다루는 내용들은 스캐폴딩 작업을 염두에 둔 '좋은 질문들'입니다. 아이들 스스로 생각해보기 어려운 질문을 제시하고, 부모님이 그 과정에서 스캐폴딩을 할 수 있도록 돕기 위해 쓴 글들입니다. 아이들에게 '질문하고' '힌트를 주고' '혼자 고민하도록 하는' 프로세스를 염두에 두고 질문을 활용했으면 합니다.

중고등학교의 성적을 만드는
결정적인 요소

초등학교에서 잘하는 아이, 중학교에서 잘하는 아이, 고등학교에서 잘하는 아이는 다릅니다. 이런 현상은 수학 과목에서 더욱 두드러집니다. 이런 사실을 다들 알고 계시니, 부모님들은 더욱 불안해합니다. 초등학교에서 잘한다고 안심할 수 없으니 선행학습에 매달리게 됩니다. 초등학생에게 선행학습을 시키면 중학교에서 더 잘할까요? 그렇다면 선행학습을 말릴 이유가 없을 텐데 안타깝게도 대부분의 학생에게는 선행학습이 크게 효과가 없습니다. 선행학습이 크게 효과가 없는 이유에 대해서는 앞에서 많이 이야기했으니 반복하지 않겠습니다만 그럼 중고등학교에 가서 공부를 잘하려면 어떻게 해야 할까요?

본격적으로 이야기를 시작하기 전에 질문을 하나 드리겠습니다.

"여러분은 손흥민을 아시나요?"

대부분은 '안다.'고 답을 할 겁니다. 그런데 손흥민이 뛰고 있는 팀의 이름을 물어보면 의외로 모르는 분들이 꽤 있습니다. 그런 분들도 "손흥민을 안다."고 대답할 겁니다. 제 주변에는 유럽 축구 팬들이 꽤 있는데 유튜브나 여러 커뮤니티를 통해서 손흥민 선수의 연도별 기록, 연봉, 살고 있는 곳, 인간관계까지 꿰고 있는 사람들도 많이 있습니다. 이 사람들도 "손흥민을 안다."고 이야기합니다.

'안다.'라는 말을 대하는 태도에 따라 생각하는 방식 자체가 바뀔 수 있습니다. 우리는 '안다.'라는 말을 굉장히 많이 쓰는데 다양한 스펙트럼에서 사용됩니다. 아인슈타인은 "내가 이미 알고 있는 영역을 원이라고 한다면, 그 원의 밖은 우리가 모르는 영역이고, 원과 접해 있는 부분이 우리가 알아낼 수 있는 미지의 영역"이라고 했습니다. 알면 알수록 '미지의 영역'도 넓어진다는 의미이죠.

위에서 이야기한 내용은 공부에 있어서도 시사하는 바가 큽니다. '내가 이것을 안다.'라고 말할 수 있는 기준을 바꿔주는 것이 중고등학교 성적을 결정하는 요소 중 하나라고 단언할 수 있습니다. 특히 암기만으로는 아무리 노력해도 상위권이 될 수 없는 수학 과목에서는 더욱 그렇습니다. 국제수학올림피아드 한국 대표팀 단장/부단장을 20년 넘게 맡아오면서 수학 영재들의 아버지로 불리는 송용진 교수님은 저서에서 영재들의 특징으로 겸손함을 꼽았고, 제 유튜브 채널에 출연하셨을 때도 같은 이야기를 하셨습니다. 다른 사람의 뛰어남을 인정하고 본인의 부족함을 메우려는 자세를 가진 겸손한 학생들은 발전하는 모습을 보입니다.

초등학교에서 잘하던 아이가 중학교에서 이전만큼 성적이 나오지 않는 이유, 중학교까지 잘하던 아이가 고등학교에서 고생하는 경우가 많은 것은 바로 각 교과과정에서 요구하는 '알다.'의 기준이 다르기 때문입니다. 미국의 인지과학자이면서 인지교육학자인 블룸[Bloom]이 제시한 교육의 목표에는 여섯 가지 단계가 있습니다. 가장 낮은 단계부터 기억, 이해, 적용, 분석, 평가, 창의입니다. 각 교육 과정에서 어느 단계까지 도달해야 공부를 잘할 수 있는지가 다소 달라집니다. 물론 딱 잘라서 나누기는 힘들지만, 초등학교 과정은 잘 기억하고 약간의 이해를 하면 대부분의 문제를 풀어낼 수 있습니다. 부모님과의 관계가 좋고 주어진 과제를 성실하게 수행하는 아이들이라면 초등학교 과정에서는 좋은 성적을 받을 수 있습니다. 중학교 과정부터는 수학이 추상의 영역으로 들어갑니다. 문자를 사용하고, 말과 식, 그리고 그림/그래프를 연결하는 '통역'의 과정도 필요해지기 시작합니다. 분명히 빼기를 할 줄 안다고 생각했는데 실제 빼기를 활용하지 못하는 친구들이 부지기수입니다. 예를 들면 4부터 10까지의 거리를 구하라고 하면 쉽게 구하는데, x부터 y까지의 거리를 구하라고 하면 당황하는 아이들이 생각보다 많습니다. 지금까지 당연하다는 듯이 써왔던 빼기라는 개념, 거리라는 개념이 무엇인지 다시 한번 고민해야 합니다. 자기만의 단어로 설명할 수 있는 아이와 그렇지 않은 아이 사이에는 메꿀 수 없는 차이가 생겨납니다. 이해와 적용이 필수입니다.

고등학교에 가면 이보다 더 복잡한 문제가 생기게 됩니다. 중학교에서는 (특별한 경우가 아니라면) 이번 학기에 배운 범위에서 문제가 나왔는데, 고등학교에 가면 시험 범위가 '지금까지 배운 모든 것'이 되기 때문에 (게다가 모의고사에서는 새로운 문제 유형이 계속 만들어집니다.) 이 문제가 의미하는 바가 무엇인지 잘 해석하고 지금까지 배웠던 내용 중에 어떤 것을 써먹어야 하는지 분석부터 해야 문제를 풀 수 있게 됩니다. 우리는 '이해하는 게 중요하다.'라고 이야기하지만 블룸의 교육 목표 분류에 의하면 이해는 6단계 중 두 번째 단계에 해당합니다. 이해는 기본이고 지식을 머리에서 끄집어내서 적용하려면 분석을 해야 문제 풀이를 시작할 수 있습니다. 예를 들면 중학교에서는 이차방정식이라는 것을 배우는데요, 판별식이라는 것을 사용하면 이 이차방정식을 만족하는 해가 실수 범위에서 몇 개인지 알게 됩니다. 그리고 고등학교에서는 원을 배우는데요, 이 원은 이차방정식이나 판별식과는 전혀 상관없어 보입니다. 그런데 "원과 직선이 두 점에서 만나기 위한 조건을 구하라"는 문제를 맞닥뜨리면 이차방정식을 활용해야 쉽게 풀 수 있습니다. 풀이 과정은 아래와 같습니다.

① 원과 직선이 만난다는 말을 연립방정식으로 표현한다. 그리고 이 연립방정식이 이차방정식 형태로 바뀔 수 있음을 눈치챕니다.
② "두 점에서 만난다는 말"을 듣고 이 연립방정식의 해가 두 개라는 뜻으로 해석해냅니다.
③ 연립방정식의 해가 두 개라면, 중3 때 배운 판별식을 활용해야겠구나 생각하고 식으로 옮깁니다.

단순히 판별식, 원의 방정식, 이차방정식을 이해해서는 문제를 풀 수 없고, 위와 같은 과정을 통해 분석을 거쳐야 합니다. 문제를 해결하기 위해서는 여러 가지 방법이 있지만 그중에서 가장 효율적인 방법은 중3 때 배운 판별식을 활용하는 것이라고 생각해내야 합니다.

결국 초등학교 과정에서 문제를 잘 풀 수 있다고 해서, 중학교에서 배운 공식을 가지고 문제를 무난하게 푼다고 해서 내가 '알고 있구나' 생각하면 안 된다는 이야기입니다. 구구단을 외우지 말라는 이야기는 앞에서 여러 번 이야기해드렸습니다. 구구단을 외우고 나서 '나는 곱하기를 안다.'라고 '착각'한 아이들은 초등학교 때는 잘할 수 있지만, 78 곱하기 19가 무슨 뜻인지 이해하고 설명할 수 있는 아이들을 결국 절대 이기지 못하게 됩니다. 그리고 중학교 과정에서 중점 공식을 이해하고 문제를 풀 수 있는 친구들은 많지만, 그 과정을 활용하고 분석해서 내분점/외분점 공식을 스스로 만들어낼 수 있는 친구들은 공부 효율에서부터 차이가 나게 됩니다.

'알다'의 기준을
바꿔주기

그럼 '알다.'라는 말의 기준을 올리기 위해서는 어떻게 해야 할까요? 추천하는 방식은 크게 두 가지입니다. 첫 번째는 공식을 쓰지 않고 문제를 푸는 것이고, 두 번째는 다른 사람에게 설명하는 기회를 많이 가져보는 것입니다. 구구단도 '공식'입니다. 공식은 이해하지 못해도 문제를 풀 수 있게 해줍니다. 저는 유튜브 채널에 '고등학교 문제지만 초등학교 문제로 생각하고 풀어보자.'라는 내용의 영상을 종종 올립니다. 공식을 활용해서 문제를 풀고 이해했다고 착각하는 것을 막기 위해서입니다. 이해한 것을 다른 사람에게 설명하려고 할 때 사람은 단어를 고르고 표현을 정제하면서 내용을 분석합니다. 문제를 풀려고 기계적으로 접근했던 것이 남에게 설명하려고 하면 먹히지 않습니다.

어쩌면 우리는 초등학교까지만 잘하는 아이를 만들어내고 있는 건지도 모릅니다. 이런 과정이 쌓이면 결국 생각하는 능력이 타고났거나, 잘 훈련된 친구들만 살아남게 됩니다. 문제 풀이만으로, 유형을 암기하는 방법만으로는 고등학교 과정에서 요구하는 넓은 범위와 많은 양의 수학 공부를 다 커버할 수 없습니다. '알다.'라는 단어의 기준을 올려주는 것만이 '잘하는 줄 알았는데…'라는 후회를 방지하는 길입니다.

3, 2, 1 다음은
무엇일까요?

제가 유튜브에서 수백 년 동안 풀리지 않고 있는 수학계의 난제에 대해 소개한 적이 있습니다. "짝수는 소수 더하기 소수로 나타낼 수 있다."라는 독일의 수학자 골트바흐^{Goldbach}의 말이 사실인지 증명하는 문제인데, 평생 수학만 공부한 사람들이 수백 년 동안 도전했지만 증명하지 못한 문제입니다. 흥미롭게도 이 영상에는 많은 사람들이 "이건 당연한 거 아닌가?"라고 댓글을 달았습니다. 아무도 못 했지만 '나도 도전해보면 가능성이 있지 않겠는가'라는 자신감이면 좋겠지만, 대부분 무엇인가 착각해서 하는 이야기입니다.

앞의 글에서 고등학교 과정에서 수학을 상위권으로 유지하고 싶다면 어렸을 때부터 '안다.'라는 말의 기준을 바꿔주는 것이 필요하다고 이야기했는데, LEVEL 2에서는 그런 관점에서 초등학교 고학년들에게 던져줘야 하는 질문들에 대해 이야기해보려고 합니다. 중학교 과정에서 나오는 공식이나 문제 풀이를 1~2년 먼저 배우는 것보다 그 과정을 쉽게 배울 수 있도록 사고력을 확장해주는 것이 훨씬 중요하다는 것을 이제는 충분히 공감한다고 생각하고 글을 써보겠습니다.

"지나친 신념은 우리를 어지럽게 한다. 어떤 사람은 0에서 4를 빼면 0이 된다는 것을 이해하지 못한다."

지금으로부터 350여 년 전에 위와 같이 이야기하면서 0에서 4를 빼면 0이지, 0보다 더 작은 수가 어디 있느냐고 조롱하던 사람이 있었습니다. 0보다 작은 수는 없다고 얼마나 확신을 했으면 이렇게까지 이야기를 했을까요? 요즘은 이렇게 이야기하면 간단한 계산도 못하는 무식한 사람이라고 취급받을 겁니다. 그런데 이 이야기를 한 사람은 바로 당대의 천재 수학자이자 철학자였던 파스칼Pascal입니다.

사람들이 보편적으로 음수를 받아들이고 사용하기 시작한 것은 300년이 채 되지 않습니다. 파스칼뿐 아니라 많은 수학자들이 음수라는 개념을 받아들이지 않았습니다. 데카르트Descartes가 좌표평면을 생각해내면서 0의 오른쪽을 1, 2, 3…이라고 표시하고 왼쪽은 -1, -2, -3이라고 표시했는데 이때부터 비로소 음수를 인정하는 것이 의미가 있다고 생각하기 시작했다고 합니다. 데카르트는 전쟁에 참여할 때 천막을 보면서 파리가 앉은 위치를 누구나 알 수 있게 표시할 수 있는 방법을 고민하다가 좌표평면을 만들어냈다고 하는데요, 재미있는 에피소드입니다.

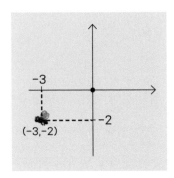

아이들에게 3, 2, 1 다음 숫자는 무엇인지, 그리고 0에서 4를 빼면 얼마인지 물어보고 알려주는 것보다 더 중요한 것이 있습

니다. 바로 불과 300년 전 천재 수학자들도 이 질문의 답을 몰랐다는 것입니다. 0이라는 숫자, 음수의 개념은 당연한 게 아니라는 것을 알려주는 거죠. 수학을 사용하기 시작한 수천 년 동안 음수의 개념을 아무도 몰랐다는 것, 그리고 심지어는 수학자들도 말이 안 된다고 생각했다는 사실로부터 '음수'가 매우 고도의 개념이라는 것을 알 수 있습니다. (그래서 음수의 개념 자체가 초등학교가 아닌 중학교 과정에서 처음 나오기도 합니다.) 파스칼도 어려워했던 음수를 당연하게 받아들이는 아이가 수학을 잘할까요? 아니면 이 개념을 받아들이기 전에 인지 부조화를 겪는 아이가 수학을 잘할까요? 당연히 후자입니다. 적당한 인지 부조화를 극복하면서 사고력이 발달한다는 이야기를 앞에서 한 적이 있습니다.

수학에
당연한 건 없다

그렇다면 고민 끝에 인지 부조화를 극복하면서 음수라는 개념을 받아들인 아이와 그냥 음수라는 게 있다고 하니 당연하다고 생각하면서 받아들인 아이는 어디서 차이가 날까요?

첫째, 음수의 개념을 그런가 보다 하고 당연하게 받아들인 아이들은 중학교에서 '문자와 식'을 배울 때 모든 문자를 무의식적으로 양수라고 받아들이는 경향이 큽니다. 쉽지 않은 개념인데 당연하다고 생각하고 암기하듯 외워버렸으니 머리에서 꺼내서 활용하기가 쉽지 않습니다. 더 구체적으로 예를 들면 A+B는 당연히 A보다 크다고 생각을 해버리는 거죠. B가 0보다 작을 수 있는데도 말이죠. 이런 일을 '실수했다.'고 넘어가는 경우가 있는데, 절대 실수라고 단언할 수 없습니다. '이 학생의 머리에는 음수라는 개념이 아직 제대로 받아들여지지 않은 게 아닐까?'라고 생각해봐야 합니다. 암기한 아이들은 그 순간에 암기한 내용을 자유자재로 불러올 수 없기 때문에 활용할 수 없고, 그럼 그 문제는 틀릴 확률이 높아집니다.

둘째, 음수의 개념을 제대로 받아들여야 연산의 효율이 올라갑니다. 음수의 개념에 대해서 고민을 해보지 않은 학생들에게 더하기와 빼기는 다른 개념입니다. 하지만 음수의 개념을 제대로 받아들인 아이들에게 더하기와 빼기는 결국 같은 개념입니다. A−B는 사실 A에 −B를 더하는 개념이 될 수 있습니다. 이 개념을 이해하지 못하면 우리는 수학을 과학에 활용할 수 없습니다. 마이너스 부호를 보면 빼기라고만 생각하는 사람에게는 물리에서 (-)전하량이라든가, 화학에서 반응 에너지 같은 개념들은 또 '새로운 개념'이 되어 암기를 해야 하고 유형을 외워야 합니다.

수학에서 당연한 것은 없습니다. 3, 2, 1 다음은 0이고, 그 밑으로는 -1, -2, -3이라는 것을 당연하다는 듯이 가르치면 절대로 안 됩니다. 몇몇 타고난 아이들이야 그 와중에도 고찰하고 깨달음을 얻어가겠지만 대부분의 아이들에게는 또 당장 외워야 할 것이 늘어났을 뿐입니다. 결국 나중에 제대로 그 개념을 활용하지도 못합니다.

"300년 전까지만 해도 천재 수학자들이 0보다 작은 숫자는 없다고 생각했대. 그때 그 사람들을 설득 못 해서 지금도 -1, -2가 없으면 어떻게 될까?"

"그 사람들은 마이너스 곱하기 마이너스가 플러스라는 게 말이 안 된다고 생각했대. 네 생각은 어때?"

"사과가 마이너스 세 개라는 게 무슨 뜻일까?"

아이에게 이렇게 질문을 해보세요. 답을 못 찾아도 괜찮습니다. 아니, 아마 정확한 답을 아이 스스로 찾는 것은 불가능할 겁니다. 여기서 제일 중요한 건 '당연하다고 생각하지 않는 아이'

로 만드는 겁니다. 새롭게 가지게 된 인지 부조화를 극복하려고 여러 가지 방법으로 생각해보는 과정에서 아이들은 다른 아이들과의 차이를 만들어낼 수 있습니다.

37×27을 3초 만에
암산할 수 있어? 어떻게?

37×27을 한번 암산해볼까요? 48×25는 어떨까요? 자녀와 함께 풀어보세요.

비슷한 문제를 이 책에서 이미 다룬 적이 있죠. 기억이 나시나요? LEVEL 1에서 78 곱하기 19를 암산하는 것(p.57 참조)에 대해 이야기했습니다. 곱하기를 단순 연산, 기능으로 접근하지 말고 곱하기가 무슨 뜻인지, 그 용어의 정의에 대해 생각해보면 수학을 보는 새로운 눈이 생길 수 있다고 말씀드렸죠. 이미 초등학교 저학년 친구들을 대상으로 신나게 설명했던 문제를 초등학교 고학년에게 다시 내주는 이유는 무엇일까요?

이 장에서는 배운 것이 많아지면 전에는 몰랐던 것을 배우게 될 뿐 아니라, 같은 문제를 풀어도 예전과는 다른 방법으로 풀 수 있게 된다는 것을 이야기해보려고 합니다. 아주 단순한 문제라도 초등학교 저학년의 풀이 방법과 초등학교 고학년의 풀이 방법에는 차이가 있습니다. 바꿔 이야기하면, 문제를 예전에 배웠던 방식 그대로밖에 풀지 못한다면 발전하지 못하고 있다는 의미가 됩니다.

앞에서도 이야기한 것처럼 37×27을 계산하라고 하면, 대부분의 학생은 초등학교 저학년 때 배운 세로 셈으로 풀어냅니다.

```
    37
  × 27
 ─────
   259
  74
 ─────
   999
```

저를 찾아오는 중학생에게 문제를 내줘도 그렇고, 고등학생에게 문제를 내줘도 이런 방식으로 풀어냅니다. 사실 세로 셈으로 푸는 게 잘못된 건 아니죠. 정확하고 효율적인 방법 중 하나입니다. 초등학교 저학년 때는 오히려 풀이 방법을 외우고 많이 연습한 아이들이 더 빠르게 문제를 해결하고 더 잘하는 것처럼 보이기도 합니다.

그런데 수학을 제대로 공부하고 있다면, 실력이 쌓일수록 다른 방법도 생각해낼 수 있어야 합니다. 수학은 배우는 내용들을 계속 축적해가면서 활용하게 됩니다. 새로 배우는 개념들이 이전에 배웠던 것들 옆에 또 쌓여가는 것이 아니라, 기존에 가지고 있던 개념들에 대한 재정의를 이루면서 축적됩니다. 예를 들면, 곱하기 문제를 저학년 때 배운 그대로 연습하면서 점점 계산이 빨라지는 것에 그치지 않고, 새로운 방식의 접근이 가능해져야 비로소 의미가 있습니다.

다시 37×27 문제로 돌아가보겠습니다. 저라면 이 문제를 어떻게 풀까요? 초등학교 5학년도 이해할 수 있는 방법으로 풀어보겠습니다. 5학년이면 이미 학기 초에 약수와 배수의 개념을 익혔을 겁니다. 그렇다면 아래와 같은 계산이 가능해집니다.

$$37 \times 27 = 37 \times 3 \times 9 = 111 \times 9 = 999$$

어떠세요? 세로로 곱하는 방법과는 확실히 다르죠?

하나 더 해볼까요? 48×25를 암산해보세요. 바로 생각나는 풀이 방법은 다음 세 가지 정도가 있습니다

48×25=6×8×5×5=6×5×8×5=30×40=1200
48×25=48×100÷4=4800÷4=1200
48×25=12×4×25=12×100=1200

중학교 과정에서는 어떻게 풀 수 있게 될까요? 이런 방법도 생각할 수 있겠네요.

x=50이라 하면, 48×25는 50에서 2를 뺀 48과 50을 2로 나눈 25의 곱이니까 아래와 같이 나타낼 수 있습니다.

$(x-2) \times \dfrac{x}{2}$

이 식을 풀어주면 $\dfrac{x^2}{2} - x$가 되고 여기서 x에 50을 대입해주면 $\dfrac{50^2}{2} - 50$이라는 결과를 얻을 수 있습니다.

여기서 중요한 건 어떤 방법이 제일 빠르냐는 것이 아닙니다. 새로운 개념을 배우니 기존의 문제도 새로운 방식으로 풀 수

있게 된다는 사실입니다. 이러한 접근은 중고등학생이 되어서도 두 자리 곱셈이 나오면 반자동으로 세로 셈으로 계산을 하는 대다수의 아이들에게 수학적 시야를 넓혀주는 효과가 큽니다. 하지만 우리 교과과정에서는 이렇게 '후행학습'에 해당하는 내용들을 많이 다루지 않습니다. 진도를 나가는 것에 집중하느라 뒤를 돌아보는 작업을 잘 하지 않기 때문에 한 번 배운 풀이 방법을 고수하는 경우가 많습니다.

수능에서 3점과 4점을 가르는 문제 풀이 방법의 기술

여러 가지 방법으로 문제를 풀 수 있는지 여부는 결국 상위권과 중위권을 가르는 기준이 됩니다. 대학수학능력시험에서는 새로운 유형인지 기출문제에서 접할 수 있는 유형인지에 따라서 문제를 3점과 4점으로 구분합니다. 4점짜리 문제를 맞닥뜨렸을 때 기존에 배운 방법으로만 문제를 푸는 아이들은 어렵게 느껴지겠죠.

조금만 생각하면 초등학생도 쉽게 풀 수 있는 문제인데 중고등학생들은 공식이 기억나지 않아서 못 풀겠다고 대답하는 경우를 쉽게 볼 수 있습니다. 이 역시 공식이나 패턴에만 의존해서 문제 풀이를 연습하는 방식으로 수학을 공부하기 때문에 일어나는 일입니다.

'연산이 중요하다'는 말을 다시 해석해보셨으면 좋겠습니다. 연산은 무척 중요하죠. 제가 구구단을 외우지 말라고 했다고 해서 연산의 중요성을 간과한다고 생각하시는 분들도 있는데, 그렇지 않습니다. 연산의 중요성은 아무리 강조해도 지나치지 않습니다. 다만, 반복 연습을 통해서 곱하기 나누기 문제를 기계적으로 빠르게 계산해내도록 교육하는 것보다, 아무리 쉬워 보이는 문제라도 여러 가지 방법으로 해결할 수 있도록 훈련하는 것이 더 중요합니다. 그래야 3점짜리 문제와 4점짜리 문제를 모두 풀 수 있겠죠?

간단한 곱셈 문제를 내주고 이 문제를 풀 수 있는 여러 가지 방법을 함께 고민해보는 것은 쉬우면서도 효과가 큰 사고력 훈련입니다. 특히 초등학교 고학년에게는 새로운 것을 배우면 같은 문제라도 풀 수 있는 방법이 늘어난다는 것을 체득하게 해주세요. 앞으로 배우는 것들을 실제로 활용하도록 도와주는 것이 중요하다는 것을 잊지 마시기 바랍니다.

피자를 4명이서 나눠 먹으려는데,
아빠가 계속 안 온다면?

수학에서는 초등학교 때 배우는 개념들이 반드시 고등학교 과정까지 이어지게 되어 있습니다. 결국 배운 것을 또 써먹어야 하고 그래서 수학은 공부하기 어려운 과목이라고 앞에서 말씀 드렸습니다. 그런데 이 얘기를 반대로 생각하면 초등학교 과정에서 배우는 것들이 고등학교 과정과 어떻게 연결되고, 배운 지식을 활용해서 어디까지 생각해볼 수 있는지 알게 되면 훨씬 쉽게 수학을 받아들일 수 있다는 의미가 됩니다. 이때 가장 중요한 것은 지금 배우는 것을 '깊이', '제대로' 이해하는 것입니다. 다음

내용을 예로 들어서 설명해보겠습니다. 지금 배우는 것을 '깊이'
이해하면 어디까지 지식을 확장할 수 있는지 알 수 있을 겁니다.

　"저와 현우, 지운이가 피자를 나눠 먹기로 했습니다. 그런데 제가 너
무 늦게 오니 현우와 지운이가 기다리지 못하고 $\frac{1}{3}$씩 먹어버렸습니다. 제
몫 $\frac{1}{3}$은 남겨두고요. 더 기다려도 오지 않으니 제 몫의 피자 $\frac{1}{3}$을 세 개로
쪼개서 또 한 조각씩 먹었습니다. 제 몫은 피자를 3조각으로 쪼개고 그걸
또 3조각으로 쪼갠 것만큼만 남았죠. 그런데 제가 오기를 참지 못하고 아
이들은 또 그 나머지를 3조각으로 쪼개서 하나씩 먹고 제 몫으로 그중 하
나만 남겨둡니다. 제 몫은 이제 $\frac{1}{3}$로 나눈 것 중 하나를 $\frac{1}{3}$로 나누고, 그중
하나를 또 $\frac{1}{3}$로 나눈 것만큼만 남았습니다. 아이들이 이렇게 수없이 반복
하다 보니 아주 한참 후에 제가 도착했을 때는 피자가 남아 있지 않았습
니다. 아이들은 결국 피자를 얼마큼씩 먹은 걸까요?"

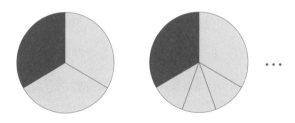

　계산하려고 하지 말고 단순하게 생각하면 됩니다. 저 빼고
둘이 피자를 전부 먹어 치웠으니 현우와 지운이는 각각 절반씩,

즉 $\frac{1}{2}$씩 먹은 겁니다.

지금 제가 한 이야기를 식으로 옮기면 어떻게 될까요?

처음에는 $\frac{1}{3}$씩 먹었죠. 그런데 그다음에는 남은 걸 또 3조각으로 쪼개서 하나씩 먹었으니 피자를 9조각으로 쪼개서 그중 한 개씩을 더 먹은 게 됩니다.

$$\frac{1}{3} + \frac{1}{9}$$

그런데 남은 걸 또 3조각으로 쪼갰으니 피자를 27조각으로 쪼갠 것 중 한 개를 먹은 거네요.

$$\frac{1}{3} + \frac{1}{9} + \frac{1}{27}$$

그렇게 계속 쪼개 먹고 나니 아이들은 각각 피자를 절반씩 먹은 거죠. 즉 현우와 지운이가 먹은 피자는 식으로 이렇게 표현할 수 있습니다.

$$\frac{1}{3}+\frac{1}{9}+\frac{1}{27}+\frac{1}{81}+\frac{1}{243}\cdots=\frac{1}{2}$$

이걸 옆에서 보고 있던 중학생은 이렇게 식을 쓸 수 있습니다.

$$\frac{1}{3}+(\frac{1}{3})^2+(\frac{1}{3})^3+(\frac{1}{3})^4\cdots=\frac{1}{2}$$

그리고 이 식을 본 고등학생은 이렇게 표현할 수 있습니다.

$$\sum_{k=1}^{\infty}(\frac{1}{3})^k=\frac{1}{2}$$

이처럼 초등학교 과정에서 배운 것들을 잘 활용할 수 있다면, 고등학교 과정에서 배우는 무한등비수열의 합을 개념적으로 충분히 이해할 수 있습니다. 무한등비수열의 합은 어떤 수를 계속 끝없이 곱해 $\frac{1}{3}$, $\frac{1}{9}$, $\frac{1}{27}$, $\frac{1}{81}$…인 등비수열로 나타낼 수 있겠고 그 합은 아래처럼 표현할 수 있습니다.

$$\sum_{k=1}^{\infty}(\frac{1}{3})^k$$

순환소수를 분수 변환으로 응용하기

응용해볼까요?

0.1111111…이라는 수가 있습니다. 이 수를 분수로 바꾸면 어떻게 될까요? 척 보고 '아 $\frac{1}{9}$이네.'라고 생각하는 분들도 있을 거고, '아, 배웠는데 기억이 안 나네.'라고 생각하는 분들도 있을 겁니다. 왜 0.11111…이 $\frac{1}{9}$이 되는지 생각해보는 것보다는 1 나누기 9를 하면 0.1111111…이 나온다는 것을 기억하는 분들이 더 많습니다.

이것이 바로 중학교 과정에서 배우는 '무한순환소수를 분수로 바꾸기'라는 내용입니다. 그래서 보통 중학교 2학년이 되기 전에는 할 수 없는 계산이라고 생각합니다. 그런데 '0.111111…'이 무슨 의미를 갖는 수인지 조금만 생각해보면 수학적 시야는 크게 확장될 수 있습니다.

"0.11111… 이 무슨 뜻이냐고요?"

의아하게 생각하시는 분들도 있을 겁니다. 제가 앞서 숫자는 9개밖에 없다고 말씀드린 적이 있지요? 그리고 자릿수의 의미를 정확하게 아는 게 중요하다고도 말씀드렸습니다. 소수점을 배우고 자릿수를 배운 아이들은 저 숫자가 0.1+0.01+0.001+0.0001+0.00001+0.000001⋯ 이런 식으로 이루어졌다는 것을 이해할 수 있습니다. 혼자 생각해내지 못하더라도 적절한 질문을 해준다면 모두 이해하고 설명할 수 있습니다. (예를 들면 '384는 300+80+4'라는 걸 힌트로 줄 수 있겠죠.)

그럼 0.1+0.01+0.001+0.0001+⋯ 은 무슨 뜻일까요? 0.1이 $\frac{1}{10}$이고, 0.01은 $\frac{1}{100}$이라는 것도 초등학생이 이해할 수 있는 이야기입니다. 피자 10조각 중 1조각, 100조각 중 1조각, 1000조각 중 1조각⋯ 이렇게 되는 거죠.

지금 이 이야기를 위에서 했던 피자 이야기로 풀면 사실상 똑같은 이야기가 됩니다.

"피자를 10명이 나눠 먹기로 했는데 1명이 늦게 옵니다. 기다리다 지친 9명이 $\frac{1}{10}$씩 먹고 $\frac{1}{10}$은 남겼습니다. 그런데 나머지 1명이 너무 늦어지자 남은 조각을 열 개로 쪼개서 하나씩 더 먹었습니다. 이제 남은 피자는 $\frac{1}{100}$입니다. 그런데 이 사람이 계속 안 오네요? 그래서 또 10조각으로 쪼개서 하나씩 먹고 남겨두니 남은 피자는 $\frac{1}{1000}$이 됐습니다. 늦게 도착한 나머지 한 사람은 결국 피자를 하나도 먹지 못했습니다."

이 이야기에서 1명이 먹은 피자는 결국 얼마큼일까요? 10명이 먹기로 했는데 9명이 다 먹어치웠으니 각자 $\frac{1}{9}$씩 먹은 셈입니다.

이 이야기를 식으로 표현하면 이렇게 됩니다.

$$0.11111111\cdots = \frac{1}{10} + \frac{1}{100} + \frac{1}{1000} + \frac{1}{10000} \cdots = \frac{1}{9}$$

이 이야기에서 한 사람이 먹은 피자가 아니라 두 사람이 먹은 피자는 얼마큼인가요?

$$\frac{2}{10} + \frac{2}{100} + \frac{2}{1000} + \frac{2}{10000} \cdots = \frac{2}{9} = 0.222222\cdots$$

같은 방식으로 생각하면 다음과 같습니다.

$$0.1111111\cdots = \frac{1}{9}$$
$$0.2222222\cdots = \frac{2}{9}$$
$$0.3333333\cdots = \frac{3}{9}$$
$$\cdots$$
$$0.9999999\cdots = \frac{9}{9} = 1$$

이렇게 중학교 2학년 때 배우는 순환소수의 분수 변환을 초등학생도 생각해내도록 만들 수 있습니다. 중학생들은 공식으로 배우니 선행 과정을 예습해본 것이나 마찬가지죠. 같은 이야기를 중고등학생은 조금 더 단순하고 아름다운 식으로 표현할 뿐입니다.

이렇게 퀴즈를 내면서 이야기할 때 아이들은 어떤 표정을 지을까요? '아, 또 수학 문제야?'라고 생각하면서 미간을 찌푸릴까요? 제가 본 아이들의 눈빛은 반짝반짝하고 초롱초롱하고 의욕에 가득 찼었습니다. 답을 맞히고 하이파이브하는 아이들의 신나는 눈빛을 여러분도 상상해보기 바랍니다. 어렸을 때부터 공식을 외우고 반복 학습으로 기계처럼 연습하는 것을 수학이라고 생각한 아이들은, 이렇게 이야기를 통해 깊게 고민하는 방식으로 수학을 받아들인 아이들을 절대로 이길 수 없습니다.

위에서 제가 말씀드린 이야기를 스스로 생각해낼 수 있는 아이는 거의 없습니다. 이 글을 읽으시는 분들도 어지간히 고민하고 연구하지 않았다면, 생각하지 못했을 가능성이 높습니다. 하지만 조금만 관심을 가지고 찾는다면 아이들에게 던져줄 수 있는 좋은 수학 질문은 얼마든지 찾을 수 있습니다. 이 책이 '좋은 수학 질문'을 찾는 분들에게 도움이 될 수 있기를 바랍니다.

0으로 나누면
왜 안 돼요?

다음을 보고 어디가 이상한지 한번 생각해보세요.

A=B라고 하겠습니다.

양변에 A를 곱하면 $A^2=AB$가 됩니다.

양변에서 B^2를 빼주면 $A^2-B^2=AB-B^2$가 되네요.

여기서 중고등학교 때 배운 인수분해를 활용하면

$(A+B)(A-B)=B(A-B)$가 됩니다.

양변을 $(A-B)$로 나누면 $A+B=B$가 됩니다.

처음에 A=B라고 했으니 $A+B=2B$가 됩니다.

A+B=B라는 위 식을 같이 두고 생각하면 2B=B네요.
양변을 B로 나누면 2=1이 됩니다.
우리는 방금 2=1이라는 사실을 증명했습니다.

이렇게 '2=1'이라는 명제를 증명하는 것은 수학을 좋아하는 사람들이 즐기는 놀이(?) 중 하나입니다.(진짜 '2=1'이라는 것이 아닙니다.) 그런데 아무 생각 없이 따라오긴 했는데 뭔가 이상하지 않나요? 2=1이라니요. 어디가 잘못된 걸까요?

바로 양변을 (A−B)로 바꿀 때 문제가 생기기 시작했습니다. 처음에 A와 B가 같다고 했으니 A−B는 당연히 0이 되는 거죠. 양변을 0으로 나누니 이상한 결과가 나와버렸습니다. 그냥 이상한 문제라고 웃어넘기기에는 조금 찜찜합니다. 양변을 0으로 나누는 실수는 고등학교 과정의 아이들이 자주 합니다. 문자로 되어 있는 어떤 항으로 나눌 때 그 항이 0이 되면 안 된다는 조건을 고려하지 않아 답을 틀리는 경우가 많습니다. 왜 이런 실수를 하는 걸까요?

반복해서 문제를 푸는 건
실수를 최소화하는 방법이 아니다

우리는 초등학교 때부터 양변을 0으로 나누면 안 된다고 배웠습니다. 그런데 이 과정 역시 아이들에게는 암기가 될 수 있습니다. 왜 0으로 나누면 안 되는지 아무도 알려주지 않았으니까요. 그냥 0으로 나누는 건 말이 안 된다고는 배웠는데, 왜 말이 안 되는지는 모릅니다. 안 되는 이유를 이해하면 나중에 비슷한 상황에서 기억해내기가 한결 수월할 텐데 말이죠. 암기가 쌓이면 활용도에 알맞게 머리에서 지식을 필요한 순간에 바로바로 꺼내서 쓸 수 없다고 앞에서 계속 말씀드렸으니 더 설명은 하지 않겠습니다.

"양변을 0으로 나누는 건 왜 말이 안 될까요?"

'음수 곱하기 음수는 양수'는 말이 되는데, 왜 0으로 나누는 건 말이 안 된다고 하는 걸까요? 이런 의문이 왜 회사에는 반바지를 입고 가면 안 되냐는 질문처럼 들리나요? 그냥 좀 넘어갔으면 하는 바람이 생길 수도 있습니다. 우리나라 교육에서는 이런 걸 물어보면 가뜩이나 할 게 많은데 시간 끌어서 민폐를 끼치는 사람으로 인식되기 쉽습니다. 그래서 아이들은 의문이 생겨도 수업 시간에 질문을 하지 못하는 경우가 많습니다.

힌트는 위에서 2=1을 0증명했던 과정에 있습니다. 양변을 0으로 나누자 (정확히는 A−B로 나누었는데 그게 0이었죠.) 2=1이라는 해괴한 식이 나와버렸죠. 기존에 알고 있던 수학의 체계와 모순이 발생합니다. 신나게 배웠던 '음수 곱하기 음수는 양수'라는 명제는 기존의 수학 체계와 어긋나지 않습니다. 그런데 양변을 0으로 나누는 것은 모순을 일으켰습니다.

조금 더 쉽고 직관적인 예를 들어볼까요?

3×0=8×0은 어색하게 느껴질 수 있지만 맞는 식입니다. 왼쪽도 0, 오른쪽도 0이니까요. 그런데 만약 양변을 0으로 나눌 수 있다고 생각해보세요. 그럼 3=8이 됩니다. 무슨 문제가 발생하는지 이해가 가셨나요?

또 다른 방법으로 접근해보겠습니다. 9 나누기 3은 3입니다. 앞에서 얘기한 대로 사칙연산은 모두 더하기로 나타낼 수 있습니다. 그럼 9 나누기 3은 "3을 몇 번 더하면 9가 되는 거야?"라고 설명할 수 있겠네요. 자, 그럼 9 나누기 0은 무슨 뜻일까요? "0을 몇 번 더하면 9가 될까?"라고 표현을 바꿀 수 있습니다.

이 어렵지도 않은 걸 우리는 왜 가르치지 않고 있을까요? 아마도 당장 문제가 되지도 않고 진도 나가는 게 더 급하기 때문일 겁니다. 그렇지만 지금도 많은 아이들이 양변을 0으로 나누는 '실수'를 하고 있습니다. 0으로 나누는 게 어떤 의미를 갖는지, 왜 0으로 나누는 건 수학에서 허용되지 않는지에 대한 질문을 받고 고민해본 친구들은 다르지 않을까요?

상위권을 노리는 친구라면 실수를 최소화해야 합니다. 그런데 실수를 최소화하는 가장 좋은 방법은 반복해서 문제를 푸는 것이 아닙니다. 사용하고 있는 수학적 툴의 의미가 무엇인지 제대로 이해해야 문제를 풀 때 실수를 줄일 수 있습니다. 왜 양변을 0으로 나누면 안 되는지 생각해보는 것도 그중의 하나가 되지 않을까요?

삼각형의 세 각을 합치면
왜 180도가 되나요?

"삼각형 내각의 합은?"

180도죠. 삼각형의 성질을 이해하는 것은 중고등학교 과정까지 이어지는 기하 과목을 잘 해내기 위한 핵심 과정입니다. 초등학교 수학에서 배운 내용들 가운데 중학교 과정과 가장 직접적으로 연관되는 것을 꼽아보면 사칙연산, 최소공배수/최대공약수, 삼각형과 원의 성질이 있습니다. 그중에서도 '삼각형의 합동, 닮음'은 중고등학교 기하 파트에서 거의 모든 증명에 활용됩니다. 삼각형의 합동, 닮음에 관련된 문제를 풀 때 가장 많이 활용되는 지식이 '삼각형 내각의 합은 180도'입니다. 그뿐 아니라 다각형과 관련된 문제를 풀 때도 삼각형으로 쪼개서 고민하는 것이 기본입니다. 심지어 고대 시기의 가장 뛰어난 수학자 가운데 한 명으로 평가받는 아르키메데스도 원의 넓이를 구하는 공식을 생각해내는 과정에서 원을 아주 작은 삼각형들로 쪼개는 방식을 활용했습니다.

이렇게 중요한 '삼각형 내각의 합이 180도'라는 것은 누가 어떻게 알아낸 것일까요? 제일 먼저 이 사실을 알아낸 사람은 인류 최초의 수학자라고 불리는 고대 그리스의 7대 현인 중 한 명인 탈레스^{Thales}입니다. 그러나 우리에게 가장 유명한 것은 파스칼의 증명이고, 많은 사람들이 파스칼이 최초로 증명했다고 알고 있습니다.

역사상 가장 천재적인 사람으로 꼽히는 파스칼은 어떻게 삼각형 내각의 합이 180도라는 것을 알아냈을까요? 알게 되면 약간 허무합니다. 파스칼은 삼각형을 그린 종이를 찢어서 이어보고 이 사실을 알아냈다고 합니다. 다음 그림처럼 말이죠.

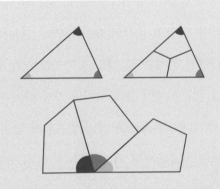

① 삼각형을 그려보세요. 세 각을 각각 다른 색으로 칠합니다.

② 세 꼭짓점을 한 점에 모아볼게요.

③ 삼각형이 묘기라도 부린 걸까요? 일직선이 되었습니다. 정확히 180°입니다.

'아니 이게 뭐야, 나라도 할 수 있겠는데?'라는 생각이 들 겁니다. 파스칼 같은 천재 수학자는 어떻게 문제를 해결했는지 궁금했는데, 종이를 찢어 붙여서 알아냈다고 하면 기대에 부응하지 않아 다소 실망스럽습니다. 도대체 왜 파스칼의 증명이 위대한 것인지, 우리 아이들에게 어떤 의미를 줄 수 있는지에 대해서는 잠시 뒤에 다시 이야기하겠습니다.

현재 중학교 수학 과정 1학기에는 방정식이나 함수 같은 수의 관계에 대한 대수를 주로 배우고, 2학기에는 주로 도형의 형태, 크기, 위치에 대한 기하를 배웁니다. 수학에 자신이 없는 아이들은 대부분 기하를 훨씬 어려워합니다. 왜 그럴까요? 기하 파트에서는 새로운 문제를 무한정 만들어낼 수 있기 때문입니다. 공식과 유형으로 커버가 되지 않는 부분이라는 것이죠.

이런 특성을 고려했을 때, 기하 파트를 잘하기 위해서 아이들에게 필요한 역량은 무엇이 있을까요? 바로 수학적 직관입니다. 직관은 복잡해 보이는 상황을 단순하게 만들어서 생각의 흐름을 시작할 수 있게 합니다.

예를 들어보겠습니다.

"아래 그림에서 삼각형 ABC와 삼각형 DCE가 정삼각형일 때 서로 똑같은(합동인) 삼각형을 찾아보세요."

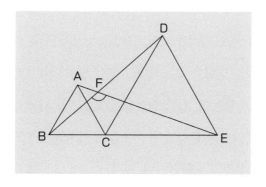

직관을 활용하는 것과 활용하지 않는 것은 무엇이 다를까요?

지금 이 과정을 배우고 있는 중학생들이 이 문제를 풀면 같은 각끼리 표시하고, 같은 변끼리 표시하면서 세 변의 길이가 같은지 (SSS합동), 두 변의 길이가 같고 그 끼인 각의 크기가 같은지(SAS 합동), 아니면 한 변의 길이가 같고 그 양쪽의 각 크기가 같은지 (ASA합동) 찾아보기 시작합니다. 대부분의 학생은 직관을 활용하지 않고 즉시 문제를 푸는 것에 익숙해져 있습니다.

그런데 직관을 잘 활용하는 학생은 이 문제를 보자마자 같은 각을 찾고 같은 변을 찾아 표시하는 대신, 문제를 잠시 째려봅니다. 그리고 나서 '삼각형 BCD를 옆으로 살짝 굴리면 삼각형 ACE랑 겹쳐지겠네.'라는 생각을 할 수 있습니다. 그다음에 두 삼각형이 정말 같은지 확인을 해보면 훨씬 효율적입니다.

들고 보면 별것 아닌 방법입니다. 그런데 학생들은 왜 이렇게 빠르게 풀 수 있는 방법을 찾는 대신 문제에 달려들어서 디테일한 부분부터 찾고 있는 걸까요? 아이들에게 문제를 보고 생각할 시간을 주지 않았기 때문입니다. 어른들은 아이들에게 기계처럼 빨리 문제를 풀라고 요구합니다. 아이들은 이 요구에 너무 익숙해져 있기 때문에 문제를 보자마자 무엇인가 하려고 노력합니다. 특히 말을 잘 듣는 아이일수록 그렇습니다.

직관적인 아이가
문제를 해결한다

다시 파스칼 이야기로 돌아가보겠습니다. 부모님과 함께 저를 찾아온 초등학생들에게 종이에 삼각형을 그려주고 세 각을 가리키면서 다음과 같은 질문을 던집니다.

"이 각이랑, 이 각이랑, 이 각이랑 합치면 일자가 된다. (180도라는 의미죠.) 진짜인지 확인해볼 수 있을까?"

아이가 이것저것 시도하는 동안 부모님과 대화를 나누곤 합니다. 그럼 생각보다 높은 비율로 아이들은 종이를 찢어서 일자로 만들어서 가지고 옵니다. 그리고 대부분의 아이들은 약간 힌트를 주면 같은 방법을 생각해냅니다.

삼각형 내각의 합이 180도라는 걸 알아낸 파스칼의 방법이 위대한 이유는 두 가지가 있습니다. 첫째, 누구나 할 수 있는 일인데 생각해보지 않았을 뿐이라는 걸 사람들에게 자명하게 알려주었기 때문입니다. 둘째, 이때 파스칼은 12살, 초등학교 6학년에 해당하는 나이였기 때문입니다. 파스칼은 삼각형을 쳐다보다가 직관적으로 삼각형의 한 각을 고정해두고, 각 하나를 늘렸다

줄였다 하면 나머지 하나는 반대로 줄었다가 늘어나는 걸 보면서 가설을 세울 수 있었습니다. '혹시 이런 거 아냐?'라는 생각을 해본 거고, 다양한 삼각형을 찢어 붙여도 같은 결과가 나온다는 것을 알아낸 거죠.

파스칼은 천재였기 때문에 이 과정을 스스로 해낼 수 있었습니다. 그런데 제가 경험한 바로는 대부분의 아이들도 질문을 던지고 시간을 주면 그에 준하는 생각을 해낼 수 있습니다. 이렇게 저렇게 시도해보는 과정이 역설적으로 직관을 길러준다는 의미입니다. 그 길을 많이 헤매본 사람일수록 아무 데나 떨어뜨려놔도 우리 집 방향은 대충 저쪽이라고 알 수 있는 것과 같은 이치입니다.

어렸을 때부터 시험 준비에 모든 것을 쏟을 필요가 없다는 건 많은 분들이 이 책을 읽으면서 공감하고 계실 거라 생각합니다. 문제를 빨리 푸는 것은 시험 준비에 해당합니다. 문제를 보자마자 빠른 시간 안에 해결하려는 습관을 가진 아이보다 문제를 어떻게 풀면 좋을까 시간을 갖고 생각하는 아이들이 어려운 문제가 나왔을 때 잘 해결해낼 수 있습니다. 직관을 활용해서 다른 아이들과의 차이를 만들어낼 수 있습니다.

동그란 방과 네모난 방 중
어느 게 더 넓을까요?

제가 초등학교 아이들에게 미적분을 가르칠 수 있다고 하면 다들 의아해합니다.

"진짜요? 초등학교 아이들이 어려운 미적분 문제를 어떻게 풀어요?"

이 질문에 숨겨진 전제는 무엇일까요? 바로 수학에는 배우는 순서가 있다는 전제, 그리고 수학에서 무엇인가를 배운다는 것은 그 단원의 문제를 푼다는 인식입니다. 그래서 많은 분들이 "아이들이 어떻게 다 건너뛰고 미적분 문제를 푸는 거죠?"와 같은 의문을 표하는 거죠.

이번 글에서는 선행과 예습의 차이를 이야기해보겠습니다. 선행학습과 예습, 비슷한 말인데 느낌의 차이는 있습니다. 이렇게 정의해보겠습니다.

> **선행학습**: 시험공부를 미리 한다.
> **예습**: 앞으로 무엇을 배울지 미리 공부한다.

이 구분에 따르면 선행학습과 예습은 목표가 다릅니다. 선행학습의 목표는 어떤 단원에서 출제되는 시험 문제들을 미리 푸는 것이고, 예습의 목표는 앞으로 무엇을 배울 것인지 이해하고 진도를 나갈 때 쉽게 받아들이도록 하는 것입니다. 무리한 선행학습은 필요하지 않다고 반복적으로 주장하면서도 막상 아이들을 만나면 중고등학교 과정에서나 배우는 수열, 방정식의 개념을 이야기하는 모습을 보면서 의아했다면 이제 이해가 가셨을 거라고 생각합니다. 저는 시험공부를 시키려는 목적으로 아이들에게 설명을 하는 것이 아니라, "앞으로 우리가 이런 것을 배울 건데 그건 생각보다 어렵지 않고 지금 네가 알고 있는 것들을 활용하면 충분히 이해할 수 있는 것들이다."라는 것을 말해주기 위해서 '예습'을 했던 겁니다.

선행학습이 아닌 예습의 개념으로 수학을 접근하면 훨씬 재미있고 흥미진진해집니다. 선행학습을 하려면 중간의 여러 단원들을 다 배워야만 그다음 단계로 넘어갈 수 있지만, 예습의 개념으로 접근하면 초등학생에게는 그에 맞는 문제를 내줄 수 있으니까요.

초등학생에게 미적분 문제를 하나 내보겠습니다.

"아래에 네모난 방과 동그란 방이 있습니다. 두 방 중 어떤 쪽이 더 넓을까요?"

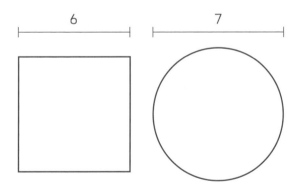

계속 얘기하고 있지만 중요한 건 아이들이 생각할 수 있게 시간을 주고 기다려주는 겁니다. 앞에서 이야기했듯이 아이들이 도형을 계속 째려보고 있다면 일단 성공입니다. 원의 넓이를 구하는 공식을 배운 친구라면 쉽게 풀 수 있겠지만 대부분의 초등학생은 아직 배우지 않았기 때문에 온전히 사고력만으로 이 문제를 해결해야 합니다. 여기서 힌트로 줄 수 있는 것들은 무엇이 있을까요? 어떤 질문이 아이들을 계속 생각하도록 도와줄까요?

"더 넓다는 건 어떤 의미를 갖는 표현일까?"

"무엇을 기준으로 '이쪽이 더 넓다'라고 판단할 수 있을까?"

아이들에게 이런 질문을 던지면 다채로운 대답이 쏟아집니다. 그중 상당수는 넓이가 큰 쪽에 무엇인가를 더 많이 넣을 수 있다는 아이디어를 떠올립니다. 종이에 그려진 네모난 방과 동그란 방에 물을 담아볼 수도 없고, 구슬을 넣어볼 수도 없습니다. 그렇다면 무엇을 넣어볼 수 있을까요?

이런 몇 가지 단계의 질문을 거치면 대부분의 아이들은 아주 작은 사각형을 생각해냅니다. 물론 거기까지 걸리는 시간과 필요한 힌트의 양은 아이마다 다릅니다. 그리고 결국 다음과 같은 그림을 그려볼 수 있겠죠. 바로, 같은 간격으로 선을 그어서 바둑판 모양으로 도형을 채우는 겁니다.

여기서 왼쪽 네모난 방에 들어간 작은 네모가 몇 개인지 세어보는 것은 어렵지 않습니다. 그런데 오른쪽 동그란 방에 들어가 있는 작은 네모가 몇 개인지 세기 위해서는 어림값 활용이 필

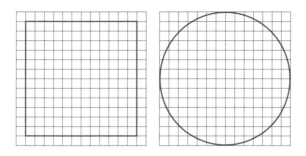

요하죠. '애는 반 정도 들어갔고 애는 $\frac{1}{4}$정도 들어갔네.'라든가, '애랑 애랑 합치면 네모 하나 정도 되겠네.'라는 가정입니다.

실제로 작은 네모의 개수를 세어보면 동그란 방에 작은 네모가 조금 더 많이 들어간다는 것을 의외로 쉽게 알 수 있습니다. 저는 0.5cm 간격으로 선을 그었는데요. 0.5cm×0.5cm의 네모가 네모난 방에는 144개 들어갑니다. 잘 세어보면 오른쪽 동그란 방에는 0.5cm×0.5cm의 네모가 150개 넘게 들어가는 걸 쉽게 알 수 있습니다. (조각난 것들을 모아보면 말이죠.) 이렇게 원의 넓이, 파이(π) 등을 배우지 않은 아이들도 두 도형이 넓이를 비교할 수 있습니다.

사고력을 최대치로 이용해서
미적분 개념 배우기

이다음 문제가 더 재밌습니다.

"아래 그림처럼 복잡하게 생긴 도형 모양의 넓이를 구한다고 생각해 볼까요?"

우리는 이렇게 생긴 모양의 넓이를 구하는 법을 배우지 않았고, 앞으로도 배우지 않을 겁니다. 그럼 어떻게 하면 구할 수 있을까요? 아이들에게 물어보면 좀 전에 배운 것들을 잘 활용하는 친구들이 꽤 있습니다. 진행이 잘 안 된다면 아까 배운 걸 생각해보라고 힌트를 주면 됩니다. 이제 아이들은 다음처럼 격자를 그려놓고 네모가 몇 개가 들어가는지 세면 된다고 이야기를 할 겁니다.

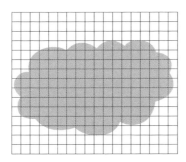

하다 보니 욕심이 생겨서 더 정확하게 구하고 싶으면 어떻게 하면 좋을까요? 아래처럼 (넓이를 알고 있는) 더 작은 사각형으로 쪼개면 되겠죠.

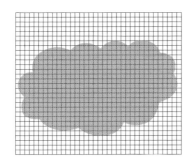

"그런데 만약에 정말 셀 수 없는 무한 개의 정사각형으로 쪼개면 어떻게 될까요?"

정사각형은 점에 매우 가까워질 것이고, 넓이를 구하는 데 있어서 오차는 0에 한없이 가까워지겠죠. 어떤 값을 구하려고 하는데 직접 구하기 어려운 경우에 아주 작은 조각들의 합으로 생각해 계산해내는 방법을 우리는 적분이라고 배웁니다. 미분/적분은 고등학교 2학년 수학 과정에서 배우기 시작하는 내용입니다.

하지만 여기까지의 과정에서 초등학생이 이해하지 못할 내용은 하나도 없었습니다. 사고력을 요하긴 하지만 초등학생이라도 집중해서 들으면 이해할 수 있는 내용입니다. 어떻게 초등학생 아이들이 이해할 수 있게 적분에 대해서 설명할 수 있었을까요? 그건 바로 문제 풀이, 공식 암기에만 매일 수밖에 없는 선행학습이 아니라, 예습의 개념에서 접근했기 때문입니다.

문제 풀이를 하기 위한 공부가 아니라, 나중에 어떤 것들을 배우고, 우리가 수학을 열심히 배우면 이런 것까지 할 수 있다는 것을 보여주는 게 진짜 선행학습입니다. 이제부터 저는 진짜 선행학습을 예습이라고 부르겠습니다.

선행학습이 아닌 예습의 측면에서 아이들을 가르치면 수학은 진도의 순서를 따라갈 필요가 없는 과목이 됩니다. 즉, 공식을 외우거나 문제를 풀어 답을 구하는 것에서 자유로워졌을 때 아이들은 오히려 가지고 있는 사고력을 최대치로 사용할 수 있습니다.

엄청엄청 큰 수에 1을 더하면
어떻게 될까?

대학교 3학년 때 전공 수업을 듣는데 한 교수님이 자식 자랑을 하셨습니다.

"우리 아들이 지금 7살인데 무한대의 개념을 이해하더라. 역시 영재인 것 같아."

그 교수님은 부부가 모두 서울대를 졸업한 수재였으니 아들이 영재인 것은 이상할 게 없었죠. 그런데 무한대의 개념을 이해한 것이 영재의 기준이라는 것이 새롭게 느껴졌고, 아직도 그 말이 기억에 남아 있습니다.

무한의 개념은 수학의 역사를 바꾼 개념 중 하나입니다. 17세기부터 언급되었지만 이 개념을 사람들이 일반적으로 받아들이기 시작한 것은 19세기 칸토어^Cantor라는 수학자가 무한집합의 크기를 비교하는 작업을 한 이후부터입니다. 그런데 재미있게도 그 당시 사람들은 칸토어의 이야기를 도저히 납득할 수 없었고, 칸토어 자신도 무한집합의 개념을 받아들이기 힘들어 정신병원에 입원하기도 했다고 합니다. 그만큼 무한이라는 개념은 우리가 당연하다는 듯이 쓰고 있는 것에 비해서는 참 받아들이기가 어려운 개념입니다.

무한에 대해 생각해보는 것이 왜 아이들에게 도움이 될까요? 무한의 개념은 '주위에서 찾아볼 수 없는' 수학의 추상적인 현상을 다루는 첫 번째 사례가 됩니다. 사실 우리는 무한의 개념에 대해서 살짝 이야기한 적이 있습니다. '피자 나눠 먹는 것을 아주 많이 반복하니 남은 피자의 양이 아주아주 적어진다.'라는 표현을 쓴 것이 무한대와 무한소를 언급한 것으로 볼 수 있습니다. 그럴 때 아이들이 할 수 있는 질문은 아무리 많이 나눠 먹어도 아주 조금은 남지 않느냐는 것이죠. 그런데 무한의 세계에서는 이것이 실제로 남지 않는 것이 됩니다. 이 일을 무한히 반복하면 아주아주 조금도 남는 것이 없다는 것이죠. 실제 우리 주변에서 일어나는 일들을 생각하면 아주아주아주 조금이라도 남는 것이 정상인데, 무한의 세계에서는 그 아주아주 작아지는 것은 아예 없는 것과 마찬가지가 된다는 겁니다.

무한의 개념처럼 세상에 존재하지 않는 것에 대해 고민해 보는 활동은 아이들의 창의력을 발달시키고 추상적인 부분까지 생각을 확장할 수 있는 기회가 됩니다. 우리가 창의력을 측정하기 위해 평가하는 방법 중 하나가 미완성된 그림을 완성시키게 하고 그 과정을 살펴보는 것인데요(TTCT검사, Torrance Tests of Creative Thinking), 완성된 그림에 제목을 붙이게 하고 얼마나 추상적인 제목을 짓느냐를 살펴보는 것입니다. 어떤 아이는 그림을 그리고 '교회'라고 제목을 짓는데, 창의력이 뛰어난 친구들은 비슷한 그림을 그리고는 '희망', '기도' 같은 추상적인 제목을 짓습니다. 반대로 말하면, 추상적인 것에 대해 생각해보는 것이 아이들의 창의력 발달에 도움이 될 수 있다는 의미가 됩니다. 숫자로 이루어진 식은 잘 이해하는데, 똑같은 식에서 숫자를 문자로 바꾸면 잘 받아들이지 못하는 것이 대표적으로 창의력이 부족할 때 수학에서 겪는 문제입니다.

제가 아이들에게 자주 내주는 퀴즈는 무한을 가지고 연산을 하는 것입니다.

"현우야, 엄청나게 많은 사탕이 있어. 근데 너무너무너무 많아서 셀 수가 없고 아무리 더 세도 그보다 더 많은 사탕이 있다고 해보자. 우리는 그걸 무한이라고 그래. 한계가 없어서 무한. 근데 사탕이 무한 개 있는데, 거기에다가 한 개를 더 주면 사탕은 얼마큼 있을까?"

"그래도 무한이지. 어차피 끝이 없는 거잖아."

"오~ 좋아. 그럼 지운이도 현우가 가진 만큼 사탕을 가지고 있는데 지운이가 현우한테 그 사탕을 다 줬어. 그럼 현우가 가진 사탕은 몇 개일까?"

"음… 그래도 무한?"

"맞아. 무한에다가 2배를 곱해도 무한이야."

"그럼 이번에는 더 어려운 거 한다. 그 사탕을 10명한테 나눠주면 몇 개씩 나눠주는 걸까?"

"그래도 무한인 거 아냐?"

"오잉? 어떻게 알았지? 그럼 그걸 1억 명한테 나눠주면 몇 개씩 나눠주는 거야?

"(약간 자신 없어지지만) 그래도 무한!"

"그걸 또 1억 명한테 나눠주면?"

"그래도 무한?"

"오, 어떻게 알았어?

이런 대화를 하면서 아이들이 무한에 대한 개념을 갖게 되면, 그다음부터 내줄 수 있는 퀴즈의 수도 무한으로 늘어나게 됩니다.

상식을 깨뜨리면서 받아들이는
무한과 허수의 개념

힐베르트^{Hilbert}의 '무한호텔'이라는 문제를 풀어보겠습니다. 유명한 수학자인 힐베르트는 사람들 사이에서 무한이라는 개념이 아직 완전히 자리 잡지 않았던 시절에 우리의 고정관념을 버려야 무한의 세계를 받아들일 수 있다는 것을 이야기하기 위해 이런 문제를 냈습니다. 이 질문은 명문 대학 입학 면접에서도 나온 적이 있어서 유명합니다.

"힐베르트가 종업원으로 일하고 있는 호텔에는 무한 개의 방이 있는데 현재 만실입니다. 그런데 손님 한 명이 더 왔습니다. 이 손님을 호텔에 묵게 할 수 있는 방법은 무엇이 있을까요?"

아니, 분명히 만실이라고 했는데 한 명을 더 묵게 한다고요? 우리가 가지고 있던 상식으로는 불가능한 이야기입니다. 하지만 무한의 세상에서는 방법이 없는 것은 아닙니다.

힐베르트가 제시한 답은 이렇습니다. 모든 사람들에게 이렇게 알립니다.

"죄송하지만, 지금 본인이 묵고 있는 방보다 방 번호가 1만큼 큰 방으로 옮겨주시기 바랍니다."

1호실에 있던 사람은 2호실로, 2호실에 있던 사람은 3호실로 옮기게 됩니다. 1,000,000번째 방에 있던 사람은 1,000,001호실로 옮기게 되겠죠. 그러면 새로 온 손님은 1호실에서 묵을 수 있게 됩니다.

무한의 세상에 익숙하지 않은 사람들에게는 여전히 이런 의문이 남습니다.

"그래도 결국 마지막 한 사람은 갈 곳이 없는 것 아닌가요?" 그런데 그 '마지막'이 없는 것이 무한의 세상입니다. 그래도 찜찜하다고요? 한 명이 어딘가 저 멀리에서 방이 없어 헤매고 있는 게 아닌가 싶으신가요? 하지만 걱정하지 않으셔도 됩니다. 무한의 세상에서는 그런 일은 없습니다.

무한히 많은 원소로 이루어진 무한집합의 세상에서는 더 재미있는 일이 벌어집니다.

"자연수가 많을까요? 아니면 짝수가 많을까요?"

자연수는 1부터 시작해서 하나씩 더하여 얻는 수를 통틀어 이르는 말입니다. 그러니 얼핏 생각하면 자연수가 당연히 훨씬 더 많을 것 같습니다. 모든 짝수는 자연수에 포함되고 거기에 홀수가 더 있어야 자연수가 되니까 말이죠. 하지만 무한집합의 세상에서는 놀랍게도 자연수는 짝수와 같은 수만큼 존재한다고 말하고 있습니다. 정확하게는 '자연수 집합의 크기와 짝수 집합의 크기가 같다.'고 표현합니다.

모든 자연수에 2를 곱하면 짝수가 됩니다. 1은 2가 되고, 2는 4가 되죠. 100은 200이 되고, 101은 202가 되고요. 그럼 모든 자연수는 짝수 하나와 연결시켜줄 수 있습니다. 거꾸로 모든 짝수는 반으로 나누면 자연수가 됩니다. 모든 짝수를 자연수에 연결시켜줄 수 있는 거죠. 그럼 모든 자연수와 모든 짝수를 하나씩 짝지어줄 수 있다는 결론에 이르게 됩니다. 즉, 자연수가 짝수보다 많다고 말할 수 없습니다. 아리송하죠?

무한이라는 개념은 아이들의 창의력을 키워줄 뿐만 아니라 고등학교 과정에서 배우는 중요한 개념입니다. 무한소/무한대의 개념을 가지고 수열의 합을 구하기도 하고, 미분/적분을 배우기도 합니다. 단언컨대 무한이라는 개념이 없었다면 지금의 과학 발전은 없었을 겁니다. 그러니 실제 존재하지 않아서 쓸모없다고 이야기할 수 없습니다.

무한과 비슷하게 우리의 상식을 깨면서 받아들여야 하는 것이 허수의 개념입니다. 허수 역시 고등학교 과정에서 중요하게 다루고, 대학교에 가면 자연계에서는 분야를 막론하고 자주 만나게 됩니다.

"제곱해서 −1이 되는 수가 존재한다면?"

위와 같은 물음에서 시작한 허수의 개념은 통신/신호를 비롯한 많은 분야에서 활용되고 있습니다.

내 주변에서 직접 만나기 힘든 세상을 머릿속으로 상상해보고 논리적으로 해석해보는 과정은 사고력 발달에 큰 도움이 됩니다. 어떤 아이들에게는 수학에 흥미를 갖게 되는 계기가 되기도 합니다. 또 중고등학교 과정에서 수학을 쉽게 받아들일 수 있는 바탕을 마련해주기도 합니다.

여기서 부모님이 하셔야 하는 역할은 무한의 세상을 정확하게 아이들에게 지도하는 것이 아닙니다. 힐베르트의 무한호텔처럼 잘 알려진 문제들을 제시해주고 아이들과 함께 고민해보는 시간을 가져주세요. 이때 아이들이 생각하기 시작한다는 것을 꼭 기억했으면 합니다.

좋은 과외 선생님보다
교육철학을 가지는 게 먼저다

멀리서 찾아온 친구들과 두 시간 정도 이야기를 나누고 나면, 옆에 계시던 부모님으로부터 질문 세례가 시작됩니다. 그중에서도 빠지지 않고 받는 질문이 있습니다.

"선생님이 말씀하시는 대로 가르치려면 어떻게 해야 하나요? 제 주위에 이렇게 가르치는 선생님은 없는 것 같아요."

"과외 선생님을 어떻게 결정해야 할까요?"

특히 교육 인프라가 부족한 지역에 사시는 경우에는 더 간절합니다. 좋은 선생님을 만나는 것은 쉽지 않은데, 그렇다고 대안이 마땅치 않다는 이유로 아이와 잘 맞지도 않는 학원을 계속 보내는 것도 선택하고 싶지 않으니까 말이죠.

어떤 선생님이 좋은 선생님이고, 좋은 선생님은 어떻게 찾아야 할까요? 중학교 3학년 때부터 과외를 해오고, 학원과 회사에서 강연 경험이 쌓이면서 저에게는 강의에 대한 원칙과 철학이 생겼습니다. 그렇지만 좋은 선생님의 기준은 다양하고, 아이와 잘 맞아서 실력이 향상되어 성적이 오르는 게 중요하기 때문에 모든 경우에 대해 딱 잘라 적용하기는 쉽지 않습니다. 최소한 부모님들의 입장에서 피했으면 하는 선생님의 유형은 확실히 말씀드릴 수가 있습니다.

첫 번째로 피해야 하는 유형은 교육에 대한 철학이 없는 선생님입니다. 의외로 많은 선생님들이 아이들이 잘 배우는 것이 아니라 자신이 잘 가르치는 것에 집중합니다. 사교육은 경쟁이 치열한 분야이기 때문에 자신을 어필할 수 있는 스킬을 갖추는 것은 분명, 필요하긴 합니다. 그러나 결국 본질은 '어떻게 하면 아이들의 성적이 향상되느냐, 나는 어떤 아이들을 염두에 두고 수업을 준비하느냐' 등에 대한 고민이 바탕되어야 합니다. '공부를 잘하려면 어떻게 해야 하나?' '우리 아이 성적은 어떻게 하면 오를 수 있나?'라는 질문의 답은 이런 고민들에 대한 결과물을 알 수 있습니다. 선생님을 찾을 때 이런 질문을 꼭 해보세요. 만약 선생님이 이런 질문에 대답을 명확하게 하지 못하거나 대답이 공감이 가지 않는다면 그 선생님에게는 아이를 맡기지 않는게 좋다고 생각해도 됩니다. 참고로 저는 공부를 잘하려면 "열심히 해야한다."거나 "대부분 타고난다."라고 말하는 선생님은 특별한 교육철학이 없는 것으로 생각하는 편입니다. 선생님이 실력을, 성적을 올릴 수 있는 방법이 없다고 이야기하는 거나 마찬가지니까요.

두 번째로 피해야 하는 유형은 본인이 말을 많이 하는 선생님입니다. 특히 과외 선생님의 경우에 선생님과 학생이 말하는 비율이 학생7 대 선생님3에서 반반 정도인 것이 적당하다고 생각합니다. 그런데, 대부분의 선생님은 주로 혼자 말을 하다가 돌아가는 경우가 많습니다. 학생의 실력이 뛰어난 경우에는 큰 문제가 없습니다. 들으면서 이해하고 나중에 응용할 수 있으니까요. 그러나 그렇지 않은 경우에는 성적에 전혀 도움이 되지 않을 가능성이 높습니다. 특히 학원이나 인터넷 강의에서 기대할 수 없는 과외의 장점은 직접적인 커뮤니케이션을 통한 상호 피드백입니다. 일방적으로 이야기하는 선생님과 수업하는 것은 인터넷 강의를 듣는 것에 비해 극적인 효과를 기대할 수 없습니다.

두 번째 유형의 선생님을 학원으로 옮겨서 생각해보면 결국 아이들과 커뮤니케이션이 되지 않는 경우입니다. 저도 학원에서 강의를 할 때 무심코 아이들에게 "알겠지?"라고 하면 많은 학생이 조건반사적으로 고개를 끄덕이거나 "네~"라고 대답했던 기억이 납니다. 학생들은 사실 새로운 정보를 받아들이기에도 바빠서 본인이 잘 이해했는지 못했는지 판단한 겨를이 없다고 봐도 무방합니다. 그런 학생들의 상태를 확인하지 못하는 환경에서 수업을 하거나 제대로 이해했는지 관심을 기울이지 않는 선생님은 애초에 실력이 좋은 학생들만 타깃으로 수업을 진행하고 있는 것이나 마찬가지입니다.

이런 기준으로 판단해보니 주위에 정말 좋은 선생님이 없다면 어떻게 해야 좋을까요? 그나마 괜찮은 학원을 보내거나 과외 선생님을 고용하는 것은 도저히 대안이 되지 않는다고 판단한다면 차라리 온라인으로 공부 코칭을 받거나 온라인 과외를 받는 것을 추천합니다. 특히 교육 인프라가 뛰어나지 않은 지역에 살아서 고민하는 분들께는 더욱 추천합니다. 명문대 학생들이 의기투합해서 전국의 학생들을 상대로 공부 코칭을 해주는 경우가 점점 많아지고 있습니다. 이동 시간을 절약하기 때문에 가격도 상대적으로는 저렴한 편이고, 선생님을 교체하는 것도 오프라인

보다는 자유롭습니다. 물론 저는 오프라인의 교육 효과가 뛰어나다고 믿지만, 동의하지 않는 교육철학, 맞지 않는 수업 방식에도 불구하고 오프라인 교육을 받을 필요는 없습니다.

가장 큰 효과를 가져오는 건
부모님의 스캐폴딩

자녀가 어릴 때일수록 추천하고 싶은 공부 방식이 있습니다. 이미 눈치채셨겠지만 바로 부모님이 아이와 함께 공부를 하면서 성장하는 방식입니다. 이 방법도 물론 여러 가지 장단점이 있습니다만, 제가 꼭 한 가지 강조하고 싶은 것이 있습니다. 그건 바로 '좋은 질문을 받아본 사람만이 좋은 질문을 할 수 있다는 것'입니다. 좋은 질문은 아이의 생각 그릇을 넓혀주고, 아이들은 생각 그릇을 넓히는 과정에서 다시 좋은 질문을 만들어냅니다. 결국 좋은 질문은 똑똑한 아이로 성장하게 하는 밑거름입니다. 부모라고 해서 좋은 질문이 한번에 떠오르지는 않습니다. 초등학교 교과서가 어른에게는 어렵지 않다고 해서 별다른 노력 없이 아이들을 가르쳐서는 안 됩니다. 아시겠지만 부모가 자녀를 가르치는 것은 참 어려운 일입니다. 저도 제 아이들을 가르치는 것은 힘들거든요.

하지만 앞서 말했던 스캐폴딩, 기억나시죠? 가르친다는 개념에서 벗어나서 '코칭적 대화'를 통해 아이들을 생각하게 만들어보세요. 특히 수학이라는 과목에서 '코칭적 대화'는 계속 강조해왔듯이 용어 정의에 대해 설명하도록 질문하고, 그 답을 생각해볼 수 있도록 충분히 기다려주는 것입니다. 그리고 아이의 반응을 토대로 난이도를 조절해주세요. 부모님 입장에서는 힘들고 부담스러울 수 있지만 잘만 하면 가장 큰 교육 효과를 기대할 수 있습니다.

정보의 홍수 시대에 살고 있습니다. 주위를 돌아보면 다양한 교육 정보 속에서 무엇을 선택해야 할지 혼란스럽습니다. 무수한 정보 가운데 무엇을 취할 것인지, 우리 아이에겐 무엇이 맞는지 결정하는 건 어려운 일입니다. 아이를 가르치는 선생님에게 권한을 위임하고 존중하는 것은 당연히 필요합니다만 부모님이 먼저 교육철학을 가지는 게 우선입니다. 위에서 말씀드린 것과 같이 잘 가르치는 것처럼 보이는 선생님, 유명한 선생님에게 무작정 맡기기보다는, 교육철학이 있고 학생이 잘 이해하고 있는지에 우선순위를 두는 선생님을 찾는 안목을 가지시기 바랍니다.

우리 아이를 위한
공부 로드맵 세우기

여기까지 따라오시느라 고생이 많으셨습니다. 이 책을 읽으시는 분들은 분명 자녀에게 관심이 많고, 우리 아이가 공부를 잘할 수 있도록 누구보다 좋은 안내자가 되고 싶어 하는 분들일 겁니다. 이런 분일수록 불안감이 많습니다. 지금 이렇게 하는 게 아이에게 도움이 되는지, 아이에게 맞는 방법인지 헷갈릴 겁니다. 이 글에서는 부모님의 불안에 대해 이야기해보려고 합니다. 저는 주로 수학을 매개로 부모님과 학생들을 만나는데요, 유독 수학 과목에 대한 불안감이 큰 것을 매번 체감합니다. 부모님들이 왜 불안함을 느끼게 되는지 함께 살펴보고, 불안함을 느꼈을 때 어떻게 대처하면 좋을지에 대해 이야기해보겠습니다.

사교육 시장의 연료는 우리 모두 알고 있듯이 부모님의 불안입니다. 부모님이 불안해하지 않으면 우리나라 사교육 산업은 틀림없이 망할 겁니다. 거꾸로 말하면 부모님을 불안하게 만드는 것이 사교육이 생업인 사람들에게는 필요악이라고 할 수 있습니다. 그래서 부모님들은 끊임없이 불안감을 느끼게 되는 환경에 노출될 수밖에 없습니다.

입장을 바꿔서 생각해볼까요? 불안함을 느끼게 하는 가장 쉬운 방법은 뭘까요? 바로, 비교입니다. 이런 얘기를 한 번쯤은 들어보셨죠?

"옆 동네 아이들은 지금 여기까지 나가는 게 보통이다, 지금 같은 학년 애들은 이거 하고 있는데, 이 정도도 못하면 나중에 못 따라간다."

대부분의 부모님은 데이터를 많이 가지고 있지 못합니다. 그렇기 때문에 데이터를 많이 가진 쪽에서 이야기하는 말에 흔들릴 수밖에 없습니다. 그게 심지어 맞지 않는 말이라고 생각하는 경우조차, 더 좋은 대안이 생각나지 않으면 할 수 없이 선택해버리는 경우도 많이 있습니다. 부모님들이 저의 이야기에 십분 공감하시지만 여전히 불안감을 떨치지 못하는 이유도 지금의 사교육 시스템에서 뭘 어떻게 하면 되는지 대안을 수립할 자신이 없기 때문이기도 하죠.

그런 환경에서 부모님들은 어떻게 하면 좋을까요? 사교육과 환경이 불안함을 느끼도록 유도하는 걸 알고 있지만, 그걸 다 무시하고 눈감아버릴 수 있는 부모님은 몇 없을 겁니다. 그렇다고 불안하니 이것저것 다 시킬 수도 없는 노릇이고, 설사 그렇게 해도 그게 답이 아니라는 것은 모두 알고 있습니다.

불안감에 기인해서 내리는 의사 결정은 후회를 낳기 마련입니다. 미국 건강 정보 사이트인 하버드 헬스 퍼블리싱Harvard Health Publishing에서 불안 증상을 가진 사람과 그렇지 않은 사람들을 구분해서 한 가지 실험을 진행했습니다. 한 가지 색깔이나 모양을 계속해서 선택하는 실험이었는데, 불안 증상을 가진 사람들은 달라지는 환경에 적응을 잘 하지 못하고 화면이 바뀌면 잘못된 선택을 하는 비율이 월등히 높다는 연구 결과를 얻었습니다. 간단한 의사 결정인데도 잘못된 판단을 하게 되는 거죠. 우리가 아이들의 교육을 결정할 때 불안감이 모티베이션이 되면 안 되는 이유입니다.

어떻게 하면 우리 아이 교육을 불안에 의해서 결정 내리지 않을 수 있을까요?

여러분은 불안과 공포의 차이를 알고 계시나요? 불안감은 대상이 명확하지 않을 때 느끼는 두려움인데 비해서 공포는 대상이 명확할 때 단기적으로 느끼는 두려움을 말합니다. 공포는 그 대상이 사라지면 그 감정에서 벗어날 수 있고, 때로는 아드레날린을 분비시키면서 즐길 수 있는 대상이 되기도 합니다.(롤러코스터가 가장 좋은 예가 되겠네요.) 불안감에 의해서 결정을 내리지 않기 위해 우리가 할 수 있는 가장 쉬운 선택은 대상이 불명확하고 추상적인 불안의 감정을 대상이 명확하고 구체적인 공포의 감정으로 바꾸는 겁니다. 그렇게 하면 막연한 감정이 아니라 내가 대처해야 하는 방향성이 생기고, 관리할 수 있게 됩니다.(불안을 공포로 바꾸라는 표현은 의학적인 표현이 아니라, 경영학에서 사용하는 표현입니다.)

대상을 명확하게 한다는 건 무슨 의미일까요? 우선 세 가지에 대한 파악이 필요합니다. 아이의 상태 혹은 성향, 가정에서 지원해줄 수 있는 방안의 옵션들, 그리고 현실적으로 세울 수 있는 단기/중기 목표입니다. 그리고 파악된 내용을 바탕으로 막연한 불안감을 실행 가능한 구체적인 로드맵과 세부 계획으로 바꿀 수 있습니다.

첫 번째로 아이의 상태는 딱 떨어지게 나눌 수는 없겠지만, 크게 세 가지 카테고리로 나눌 수 있습니다.

1. 모두가 똑같은 걸 배우는 데 스스로 새로운 것을 생각해내는 아이
2. 배우는 대로 곧잘 해내는 아이(사실 대부분이 여기에 해당합니다.)
3. (어떤 이유에서든) 수업에서 배우는 내용을 모두 소화하지 못하고 있는 아이

두 번째로 가정에서 지원해줄 수 있는 옵션이 무엇인지 생각해봐야 합니다.

1. 자녀를 직접 가르쳐줄 여력(지식, 시간)이 되는가?
2. 교육으로 어느 정도의 비용을 지출할 수 있는가?
3. 내가 살고 있는 지역의 교육 인프라는 어떤가?

그리고 마지막으로 우리가 도달하고자 하는 현실 가능한 목표를 파악해봅니다. 목표를 세우자고 하지 않고 파악해보자고 한 이유는 대부분의 가정이 이미 암묵적으로 어렴풋하게 목표를 가지고 있는데 구체화되지 않은 상태이기 때문입니다. 이 단계에서는 목표를 석차나 등급으로 잡지 않고 어떤 능력을 키워줄 것인지를 기준으로 잡는 것을 추천합니다.

1. 진학 준비가 필요한 학교(특목고 등)를 가려고 하는가?
2. 아이의 부족한 부분이 무엇이고, 어떤 훈련이 필요한가?

여기까지 천천히 고민해보고 적어보면 의외로 우리 아이를

위한 로드맵은 쉽게 작성이 됩니다.

실전 로드맵 예시

저의 첫째 아들 현우를 예로 들어서 설명해보겠습니다.

초등학교 3학년 현우의 상태, 교육과 관련된 여건을 파악해

보면 아래와 같습니다.

- 새로운 개념을 잘 받아들이고 수학에 흥미를 느끼지만, 질문 없이 새
  로운 사고를 하지는 않음
- 경쟁심은 보통 수준이나 체스, 장기, 바둑, 포켓몬 카드 게임 등 전략
  게임에는 흥미를 느낌
- 학습 능력 자체는 좋으나 집중력이 부족함
- 영어 학원을 오래 다녔는데 회화 능력이 부족함
- 부모가 맞벌이로 직접 관여할 시간이 많지는 않으나 고학력자로 직
  접 교육이 가능함

위와 같은 사항들을 목표에 대입하면 다음과 같은 로드맵이

나옵니다.

📍 목표(~6학년)

수학: 중고등 과정 개념 소개, 영재성 유무 판단

영어: 회화 능력 향상

국어: 작문 능력 향상에 초점

📍 실행 계획(~6학년)

수학/과학

- 중고등 과정 개념 소개(매주 1시간)
- 자가 학습(문제집 주 1회 3장 → 주 2회 3장 → 주 5회 3장)
- 영재교육(대학/지역) 가능한 매년 참여
- 방학 사고력 캠프

영어/국어

- 영어 회화 과외(주 2회 1시간) + 영어 애니메이션 시청
  - → 5학년 말부터는 학원으로 전환
- 독서록 매주 1편
  - → 올해 말부터 독서 토론으로 전환

과외 활동

- 포켓몬 카드 게임 국가대표 도전(매년)
  - → 경쟁심/과제 집착력 기르기
- 태권도 지속 희망(본인)
- 바둑/체스 방과 후 지속(~4학년)
  - → 이후 다시 판단

로드맵이 단순해 보이고 특별해 보이지 않을 수 있지만 가족들이 모여서 이런 이야기를 하는 과정은 굉장히 의미가 있습니다. 현우도 본인의 약점에 대해서 생각해보고 앞으로 어떤 걸 공부하면 좋겠다고 의견을 냈습니다. 무엇보다 이렇게 실천 가능한 계획으로 바꿔놓으면 불안감 때문에 교육과 관련한 즉흥적인 결정을 내릴 위험을 줄일 수 있습니다. 바로 이것이 로드맵을 세우는 중요한 이유입니다.

우리 아이에게 부족한 것은 무엇일까요? 그리고 그것을 어떻게 채워주면 좋을까요? 교육은 이 고민에서부터 시작되어야 합니다. 적어도 중학교 저학년까지는 공부를 잘하기 위해 필요한 역량을 길러주는 것이 중요합니다. 불안감에 좌지우지되지 않기 위해서 필요한 것은 현실을 정확하게 파악하고 계획으로 바꿔주는 것이라는 점을 꼭 기억하셨으면 합니다.

우리는 초등학교 때만 잘하는 아이를 만들려는 게 아닙니다. 중고등학교 때 잘하는 아이로 키우기 위해서 지금의 과정을 거치는 거죠. 잊지 마세요, 아이들이 진짜 달리고 싶을 때 달릴 수 있는 근육을 만들어주는 것이 초등학교 시절에 우리가 해야 하는 일입니다. 수학적 스킬들을 실생활에서 사용할 수 있다는 걸 알려주고, 연습시키는 것은 훌륭한 동기부여이자 조기 교육이 됩니다.

LEVEL 3.

수능을 넘어서 확장되는
수학 세계

페르미의 추정으로 확장되는
수학 세계

"더하기랑 곱하기만 할 줄 알면 되는 거 아냐?"

수학을 공부하기 싫어진 아이들, 자신이 없는 아이들이 자주 하는 말입니다. 사실 아이들뿐 아니라 어른들 중에도 그렇게 생각하는 사람들이 많습니다. 중고등학교 때 수학을 배웠지만 살면서 써먹는 건 단순 계산들뿐이고, 그것만 잘해도 사는데 크게 지장이 없다는 논리이죠. 여러분은 어떻게 생각하시나요?

위의 의문에 대한 답변을 스스로 찾아내지 못한 아이들이 중고등학교 과정에서 수학을 잘하기는 무척 어렵습니다. 수학뿐 아니라 공부 자체에 대한 의문도 마찬가지입니다. 심한 경우 어떤 아이들은 자기 자신을 '쓸데없는 것을 가르치는 엉망진창 교육 시스템의 피해자' 정도로 생각하며 경쟁에서 이탈하기도 합니다.

여러분은 어떻게 생각하나요? 우리는 살면서 수학을 사용하고 있을까요? 아이들에게는 수학이 논리력과 사고력을 향상시킨다는 거창한 이야기가 필요한 게 아닙니다. 실생활에서 수학적 스킬을 사용하는 경우가 있다는 것을 알려주고, 그 스킬을 사용하도록 연습시켜주는 것은 훌륭한 동기부여이자 조기교육이 될 수 있습니다.

수학을 왜 배우는지 도무지 이해하지 못하는 친구들에게 저는 주로 이런 문제를 내줍니다.

"서울에는 미용실이 몇 개나 있을까요?"

이 문제를 풀기 위해서는 어떻게 해야 할까요? 물론, 제가 인터넷을 검색하거나 관련 사업에 종사하는 사람에게 물어보라고 이런 문제를 낸 건 아닙니다. 이 문제는 왜 수학과 관련이 있을까요?

이런 문제를 바로 '페르미 추정$^{Fermi\ estimation}$'이라고 합니다. 제

한된 정보만을 가지고 논리적 추론을 통해 짧은 시간에 새로운 정보를 알아내는 방법입니다. 맨해튼 프로젝트에 참여했던 물리학자 페르미Fermi가 개발한 방법으로 원자폭탄의 위력을 실험하는 곳에서 충격파가 몰려올 때 종잇조각을 날려 얼마나 날아가는지를 보고 원자폭탄의 위력을 거의 정확하게 맞혔다는 일화가 유명합니다. 시카고대학의 교수였던 페르미는 제자들에게 시카고의 피아노 조율사는 몇 명일지 추정해보라는 문제를 내주기도 했었죠. 국내외의 대기업 면접에서도 페르미 추정을 활용하는 문제가 많이 출제되고 있습니다.

다시 문제로 돌아가서 먼저 서울에 미용사가 몇 명일지 추정해보겠습니다. 서울의 인구가 대략 천만 명이고, 남자는 한 달에 한 번, 여자는 두 달에 한 번 정도 미용실을 간다고 했을 때 남자와 여자의 평균을 구해보면 한 달에 약 $\frac{2}{3}$번 정도 미용실을 가는 거네요. 그럼 서울에서는 한 달에 약 650만 명 정도가 미용실에 가는 겁니다. 하루에는 22만 명 정도가 되겠죠. 미용실에 한 번 갈 때마다 대략 2시간 정도 있는다고 하고, 미용사 1명이 하루에 10시간 일한다면 미용사는 대략 4만 5천 명 정도가 필요합니다. 미용실 한곳에 미용사 2~3명 정도가 일한다고 하면 미용실은 약 1만 5천 개에서 2만 2천 개 정도가 있을 것으로 추정할 수 있습니다.

페르미 추정으로 구한 답이 얼마나 정확할까요? 2021년 기준 서울시에 등록된 미용실 개수는 2만 3천여 개입니다. 생각보다 상당히 정확하죠?

수학으로 생각할 수 있는 세계는 무궁무진하다

페르미 추정을 가지고 생각해볼 수 있는 주제는 무궁무진합니다. 얼마 전 가족들과 여행을 가면서 아이들에게 이런 문제를 내줬습니다.

"우리 아파트 단지에는 사람이 몇 명이나 살까?"

장사가 잘되는 식당에 함께 가면 아이들에게 이런 질문을 하기도 합니다.

"이 가게는 하루 매출이 얼마나 되고, 월말에 정산을 하면 얼마나 남을까?"

같은 주제로 아내와 아이들과 함께 계산을 해보면서 남는 장사인지 아닌지 토론을 해보기도 합니다. 한겨울에는 이런 문제를 내주기도 합니다.

"네가 붕어빵 가게를 차린다면 한 개에 얼마나 받아야 할까?"

수학 공부를 통해 배우는 수학 스킬이 늘어날수록 페르미 추정을 통해 더 많은 것들을 더 빠르게 계산해낼 수 있는 것은 당연하겠죠?

더하기나 곱하기만 잘하면 되는 거 아니냐는 질문에 대답이 되었을까요? 어렸을 때부터 수학이 우리 생활에서 실제로 사용된다는 걸 아는 아이들은 수학 공부에 대한 동기부여가 남다를 수밖에 없습니다. 누가 가르쳐주지도 않았는데 애니메이션을 좋아하는 아이들이 외국어를 쉽게 배우는 것을 떠올리시면 제가 하는 이야기가 더 쉽게 와닿을 수 있겠죠.

오늘부터는 가족끼리 여행 가는 길에 음악만 듣지 말고 페르미 추정으로 풀 수 있는 문제를 돌아가면서 내고 누가 가장 가깝게 추정하는지 내기를 해보면 어떨까요?

인생도 수능도
결국 방정식이다

"여러분은 함수와 방정식의 차이를 알고 있나요?"

'인생은 방정식이다.'라는 말, 많이 들어보셨죠? 초등학생들에게 방정식이 무엇인지 알려주면 수학에 대한 관점이 확 넓어집니다. 이 글에서는 방정식이 무엇인지 생각해보고, 그걸 아는 게 우리 인생에, 수학 공부에 왜 중요한지 이야기해보겠습니다.

중고등학생들에게 방정식은 뭔지 아느냐고 물어보면 정확하게 대답하는 비율이 5%도 되지 않습니다. 수많은 방정식을 푼

어른들도 방정식이 무엇인지 아느냐는 질문을 받았을 때는 의외로 대답하기가 쉽지 않습니다.

"방정식이 뭘까?"

아이들이 가장 많이 하는 대답은 뭘까요? 이렇게 대답하는 비율이 가장 높습니다.

"x요."

그럼 질문을 조금 바꾸는 게 좋겠죠?

"방정식하고 함수는 뭐가 다른 거야?"

여러분도 이 책을 읽으면서 종종 느끼셨겠지만 이런 류의 질문이 가장 대답하기 어렵습니다. 어떤 단어를 '안다.'고 막연히 생각하고 있었는데, 누군가에게 정확하게 설명하려고 하면 쉽지 않습니다. 그런데 수학은 이런 질문에서부터 발전하기 시작한 이론들로 꽉 채워져 있습니다.

그럼, 질문을 조금 더 바꿔볼까요?

"y+x+3=0은 함수일까요, 방정식일까요?"

이렇게 질문하면 방정식이 뭔지, 함수가 뭔지 정확하게 이야기할 수 있는 학생들조차 헷갈리기 시작합니다.

답부터 이야기하면 방정식이 될 수도 있고, 함수가 될 수도 있습니다. 방정식과 함수는 식의 모양만으로 구분할 수 없습니다.

방정식은 어떤 식에서 '아직 모르는' 미지수의 값을 구할 때 쓰는 말입니다. 즉, 방정식은 미지수의 값에 따라서 식이 참이 될 수도 있고, 거짓이 될 수도 있는 등식입니다. x, y가 정해져 있지만 아직 모르는 수(미지수)라면 이 방정식을 만족하는 (x, y) 는 $(1, 4)$, $(2, 5)$, $(3, 6)\cdots$ 등이 있습니다. (즉, 이 방정식을 만족하는 해가 수없이 많죠.)

함수는 넣어주는 수와 나오는 수의 관계를 이야기합니다. 여기서 x가 바뀔 때 y는 어떻게 바뀌는지를 묻는 상황이라면 'x 와 y의 관계를 표현해주는 함수'라고 말할 수 있는 거죠. (물론 x 하나에 대해서 y는 하나만 존재해야 함수라고 할 수 있습니다. 한 개의 값을 넣었는데 만족하는 값이 두 개 이상이면 함수가 될 수 없다는 의미입니다.)

이렇게 방정식과 함수는 같지만 매우 다릅니다. 이 차이를 찾아내는 것에서부터 '등식'을 바라보는 자세를 길러낼 수 있습니다.

문제를 하나 내보겠습니다.

"어떤 만화방에 갔는데 입장료가 5,000원이네요. 만화책 한 권을 빌리는데 500원을 내야 한다고 합니다. 주머니에는 10,000원이 있습니다. 여기서 만화책을 몇 권까지 볼 수 있을까요?"

이 문제는 함수 문제일까요, 방정식 문제일까요? 일단 몇 권의 책을 볼 것인지에 따라 돈을 얼마를 내야 하는지에 대한 관계를 생각합니다. 입장료 5,000원에 한 권당 500원을 곱해서 더해야 하죠. 여기까지는 함수입니다.

내야 하는 돈= 5,000원+볼 책의 수×500원

그런데 여기서 주어진 조건을 생각합니다. 주머니에 10,000원이 있네요. 그때 몇 권을 볼 수 있는지 구해보기로 합니다. 그럼 여기서부터는 방정식입니다.

10,000원=5,000원+볼 책의 수×500원

'만화방에 입장하고 나니 5,000원이 남았고 그럼 한 권당 500원을 내야 하니 10권까지 볼 수 있겠네.'라는 걸 초등학교 2~3학년만 돼도 충분히 생각해낼 수 있습니다. (약간 어려워하면 '입장하고 얼마 남았어? 그럼 몇 권을 보면 5,000원을 써?'라고 힌트를 주면 됩니다.) 아직 방정식을 배우지 않았지만 이렇게 방정식을 만들고 다루는 과정을 충분히 해볼 수 있습니다. 사실 아이들에게 방정식이라는 말을 꺼낼 필요도 없습니다. 제가 앞 장에서 용어를 쓰지 않는 걸 오히려 추천했던 걸 기억하고 계실 겁니다.

여러분도 이런 간단한 방정식 문제를 만들어서 아이들에게 내줄 수 있습니다. 이렇게 해보세요.

> **① 상황을 하나 생각해낸다.**
> → 편의점에 가서 심부름을 하고 남는 돈으로 아이스크림을 산다.
>
> **② 수를 넣어서 상황을 구체화시킨다.**
> → 20,000원을 줬는데 사오라고 한 물건은 11,000원, 아이스크림은 9,000원어치를 살 수 있다. 하나에 1,500원이고 6개를 살 수 있다.
>
> **③ 무엇을 구하라고 할지 생각하고, 다시 상황을 구성해본다.**
> → 아빠가 20,000원을 주고 11,000원짜리 물건을 사오라고 했어. 그런데 남은 돈으로 아이스크림을 사도 된다고 했는데 아이스크림을 6개 사니까 돈이 하나도 안 남았어. 그럼 아이스크림은 얼마일까?

결정의 연속인 삶에서
논리적인 의사 결정을 돕는 수학

삶은 '결정'의 연속입니다. 늘 무엇인가를 결정해야 하죠. 모든 상황들을 다 알고 있다면 좋을 텐데 모르는 것들로 가득 차 있습니다. 우리는 논리적으로 의사 결정하는 방법을 함수와 방정식으로부터 배울 수 있습니다. 예를 들어볼까요? 즉, 내 상황을 함수로 만들어보는 거죠. 어디로 여행을 갈지 고민하는데 여행지에 따른 비용을 정해봅니다. 비용을 정하기 위해서도 또 몇 가지 변수를 확실한 상수로 만들어줘야 결정을 할 수 있습니다. 내가 우선시하는 조건들을 먼저 적용하는 거죠. 예를 들면 숙소는 반드시 해변에 위치해야 한다라든가, 비행기는 꼭 직항이어야 한다든가 하는 것들을 들 수 있겠네요. 이렇게 추려진 여행지에 따른 비용을 정리해두고 나서, 이번 여행에 사용할 비용을 결정하면 그에 해당하는 여행지를 결정할 수 있습니다. 여기서 비용이 결정되니 여행지가 결정되는 과정은 방정식이라고 할 수 있겠네요.

우리가 보는 모든 시험들도 결국은 방정식을 푸는 과정과 같습니다. 수학 문제에는 방정식, 기하, 삼각함수, 미분/적분도 있지만, 모든 문제 풀이는 '존재하지만 아직 모르는 답'을 찾아내는 과정이니까요. 무엇을 구해야 하는지 스스로에게 질문하고, 그것을 구하기 위해서 무엇이 필요한지를 찾아내고, 변수라고 생각했던 것들을 상수로 만들어 답을 구해내는 것이 '방정식'을 푸는 과정과 비슷합니다. 이런 과정을 수월하게 해내는 아이들을 '문제 해결 능력'이 좋다고 이야기합니다.

저는 무엇인가 결정해야 하는 상황이 생기면 함수를 세우고, 방정식을 푼다는 생각으로 직면하려고 노력합니다. 물론 정확한 비유는 아닐 수 있습니다만, 수학을 통해 논리적인 의사 결정을 배울 수 있다는 의미입니다. 실제 기업에서도 의사 결정을 할 때 여러 가지 변수들에 따라 어떻게 영향이 있는지 파악해보고, 변수들을 상수로 바꾸면서 의사 결정을 해나갑니다. 그렇지 않으면 기분에 따라, 상황에 따라 일관성 없는 결정이 이루어질 수도 있으니까요. 우리가 방정식을 통해서 아이들에게 가르쳐줘야 하는 것은 이런 '논리적 문제 해결의 프로세스'입니다.

아이들을 위한 방정식 문제를 만들어보면 위에서 말한 이야기에 더 공감할 수 있을 겁니다. 수학은 우리가 무엇인가를 결정할 수 있도록 도와주는 좋은 도구가 될 수 있다는걸요.

연립방정식에서 배우는
상위권과 최상위권의 차이

상위권 학생 중에서 아무리 열심히 해도 최상위권으로 올라가지 못하는 친구들이 있습니다. 옆에서 보면 참 안타깝죠. 노력이 부족한 것도 아니고 머리가 안 좋은 것도 아닌데 왜 그 한 꺼풀을 넘어가지 못 하는지 이해하지 못하는 분들이 있습니다. 저는 그런 친구들에게 두 가지를 확인합니다. 첫 번째는 과제 집착력입니다. 그리고 두 번째는 사고의 유연함입니다. 여기에서는 사고의 유연함에 대해서 이야기해보려고 합니다.

본격적인 이야기를 시작하기 전에 문제를 하나 풀어볼게요.

"소와 오리가 5마리 있습니다. 다리는 합쳐서 열네 개네요. 소는 몇 마리이고, 오리는 몇 마리일까요?"

이 문제를 초등학생과 중고등학생은 각각 어떻게 풀까요? 중고등학생들과 성인들은 이 문제를 접하면 일단 식을 세웁니다.

소를 x, 오리를 y라고 놓고, 아래처럼 식을 세웁니다.

① 소와 오리를 합쳐서 5마리 → $x+y=5$
② 다리는 합쳐서 열네 개(소는 다리가 네 개, 오리는 다리가 두 개)
　→ $4x+2y=14$

어렵지 않은 방정식이므로 대부분의 중고등학생은 쉽게 풀어낼 겁니다. 하지만 의미를 알고 풀고 있을까요? 위 식을 수학적 의미를 짚어보며 풀어보겠습니다. $4x+2y=14$를 풀어서 써보면 $(x+x+x+x)+(y+y)=14$인데요, x가 네 개 있고 y가 두 개 있을 때 14라면, x가 절반인 두 개가 되고, y도 절반인 한 개가 되면 그 합도 절반인 7이 되겠죠. 결과적으로 양변을 2로 나눠준 $(x+x)+y=7$이 됩니다. 그렇다면 여기서 $2x+y=7$이라는 값을 도출할 수 있습니다.

등식의 의미를 잘 생각해보면 $x+y=5$는 $x+y$를 5로 바꿀 수 있다는 뜻이고, $2x+y=7$은 $2x+y$는 7로 바꿀 수 있다는 의미가 됩니다. 그러면 7-5에서 7은 $2x+y$로, 5는 $x+y$로 바꿀 수 있겠고 이걸 표현하면, $7-5=(2x+y)-(x+y)$가 됩니다. 잘 살펴보면 $2x+y=7$의 왼쪽과 오른쪽에서 $x+y=5$의 왼쪽과 오른쪽을 각각 빼준 결과가 되겠네요. 이것이 바로 중학교 때 '소거법'이라는 이름으로 배우는 방정식 문제의 풀이 방법입니다.

$$\begin{array}{r} 2x+y=7 \\ -)\ \ x+y=5 \\ \hline x=2 \end{array}$$

이렇게 해서 $x=2$, $y=3$이라는 것을 구할 수 있습니다. 그래서 소(x)는 2마리, 오리(y)는 3마리라는 답을 구했습니다. 잘못된 것이 없는 아주 훌륭한 풀이입니다. 수행평가에서도 100점짜리 답안이겠죠.

그런데 만약 이 문제를 초등학생에게 내주면 어떻게 풀어낼까요? 초등학생은 x, y 같은 문자를 사용하는 것도, 연립방정식도 배우지 않았습니다. (심지어 방정식이라는 단어도 아직은 배우지 않았죠. 개념은 문제집에서 접했지만요.) 제 첫째 아들 현우에게 초등학교 1학년 때 이 문제를 내주고 어떻게 푸는지를 보여주는 영상이 저의 유튜브 '생각루트'에도 게시되어 있습니다.

이 문제를 맞닥뜨린 대부분의 초등학생은 문제를 잘 풀어냅니다. 연립방정식을 배우지 않아도 해결할 수 있다는 뜻이죠. 현우는 이렇게 풀었습니다.

"5마리 다 오리라면 다리가 열 개일 텐데, 열네 개이니까 오리 2마리가 소 2마리로 바뀌어야 해. 오리가 소가 될 때마다 다리가 두 개씩 늘어나니까."

듣고 보니 전혀 어렵지 않죠? 이 방법 외에도 많은 방법이 있습니다. 처음에 현우는 오리가 1마리 소가 4마리인 경우, 오리가 2마리 소가 3마리인 경우, 오리가 3마리 소가 2마리인 경우, 이런 식으로 숫자를 넣어보면서 문제를 풀기도 했던 것 같아요. 또 그냥 직관적으로 그림을 그려보면서 세어보는 아이들도 있습니다. 어떤 풀이 방법이 제일 좋을까요? 저는 모두 좋은 풀이 방법이라고 생각합니다.

그런데 이 문제를 중고등학생한테 다시 주고 x, y를 쓰지 말고 풀어보라고 하면 어떤 반응이 나올까요? 아마 예상 못 하셨을 텐데, x와 y를 쓰지 않고 이 연립방정식 문제를 어떻게 푸냐는 반응을 보이는 학생들이 의외로 많습니다. (제 의도를 파악하지 못해서 a, b를 쓰면 되지 않냐고 하는 학생들도 있습니다.)

SNS에 가끔씩 이런 간단한 수학 문제를 올리고 '초등학생에게 설명한다고 생각하고 풀어보자.'라고 하면 많은 학생들이 어려워합니다.

'초등학생한테 이 문제를 설명한다고? 문자 쓰는 법도, 방정식이 뭔지도 모르는 아이들에게?'

초등학교 저학년들도 모두 풀 수 있는 문제인데, 중고등학생은 정형화된 방법 이외에는 풀이 방법을 생각하지 못하게 되는 일이 벌어지고 있는 거죠. 지나치게 유형과 공식으로 공부하다가 사고의 유연성이 떨어지게 되어 생기는 결과입니다.

최상위권이 되려면 문제 풀이에 있어서 두 가지를 만족시켜야 합니다. 첫 번째로 일단 쉬운 문제는 쉽게 풀어야 하고, 두 번째로 어려운 문제를 풀어내야 합니다. 첫 번째가 이 글에서 이야기하는 사고의 유연성이 필요한 부분이고, 두 번째가 과제 집착력이 필요한 부분입니다. 우리는 어려운 문제를 풀어내는 것에 대해서는 비교적 강조를 많이 하지만 쉬운 문제를 쉽게 풀어내는 것에 대해서는 깊이 고민을 하지 않습니다. 풀 줄 알면 그걸로 됐다는 생각을 알게 모르게 하고 있는 거죠.

위에서 함께한 문제는 공식이 없어도, 해당 단원을 배운 적이 없어도 풀 수 있는 문제입니다. 중고등학교 최상위권 친구들은 이런 연립방정식 문제를 접하면, 지금 말한 그대로 공식 없이 직관적으로 풀어내는 경우가 많습니다. 그렇게 풀면 답을 틀릴 확률이 높아진다고요? 구한 답을 가지고 다시 문제에 넣어보면 내 답이 맞았는지 틀렸는지 금방 확인할 수 있기 때문에 그렇지 않습니다. 그런데 대부분의 학생들은 이런 문제를 효율적이지 않은 방식으로 풀어내고 있습니다. 공식을 활용한 전형적인 문제 풀이 방식으로만 풀도록 훈련되었기 때문이죠.

어떻게 하면 쉬운 문제는 더 쉽게 풀 수 있는 사람이 되도록 아이들을 유연하게 만들 수 있을까요? 공식 없이도 문제를 풀 수 있는 사람이 되기 위해서는 '공식을 배우기 전'에 문제를 해결해본 경험이 필요합니다. 공식이 없어도 문제를 풀어본 경험이 있는 아이들의 사고가 훨씬 더 유연할 수밖에 없습니다. 유연한 사고를 가진 아이들은 쉬운 문제들을 압도적으로 쉽게 풀어내고, 어려운 문제에 더 긴 시간을 할애할 수 있게 됩니다.

사고의 유연성을 길러주는 연립방정식 문제

사고의 유연성을 길러주면서 수학에 흥미도 느끼게 해줄 수 있는 연립방정식 문제를 만들고 싶으면 어떻게 해야 할까요?

① **먼저 해를 정해둡니다.**
→ 닭은 3마리, 사슴은 1마리

② **그 답을 가지고 식을 세워봅니다.**
→ 닭과 사슴을 합하면 4마리, 닭 다리는 다 합쳐서 여섯 개, 사슴 다리는 다 합쳐서 네 개가 되니, 닭과 사슴 다리의 합은 열 개.

③ **다음 문제를 아이들에게 소개해보세요.**
→ 닭과 사슴 4마리가 있어. 다리는 합쳐서 열 개인데 닭은 몇 마리이고, 사슴은 몇 마리일까?

생각보다 어렵지 않습니다. 그리고 궁극적으로는 아이들도 이런 문제를 낼 수 있도록 격려해주세요.

하나 더 연습해볼까요?

① 초콜릿은 500원, 사탕은 300원으로 답을 정함

② 초콜릿 세 개와 사탕 다섯 개를 사니 3,000원, 초콜릿 일곱 개와 사탕 한 개를 사니 총 3,800원

③ **문제:** 현우는 초콜릿 세 개, 사탕 다섯 개를 사니 3,000원이 들었대. 그런데 지운이는 초콜릿 일곱 개, 사탕 한 개를 샀더니 3,800원이라는 거야. 초콜릿 가격은 얼마이고, 사탕 가격은 얼마일까?

현우가 나중에 x, y를 활용한 연립방정식을 배우면 어떻게 반응할까요? 아마도 이렇게 반응하지 않을까요?

"이거 예전부터 풀던 문제인데, 이렇게 푸는 방법도 있구나."

말과 그림과 식으로 배우는
수학 언어, 부등식

계속 이야기하고 있습니다만 수학은 알게 모르게 우리 인생에서 사용되고 있습니다. 논리적으로, 합리적으로, 후회 없는 결정을 하고 싶을 때, 수학은 우리에게 생각하는 관점을 제공해줍니다. 합리적인 선택에 가까이 가는 과정에서 수학은 좋은 툴이 될 수 있습니다.

이번에도 먼저 문제를 하나 풀어볼까요?

"대통령이 급하게 출장을 가야 하는데 목적지는 600Km 떨어진 곳에 있는 부산입니다. 비행기는 한 시간에 400Km를 가는 대신 비행기를 준비시키고 이동하는 데 3시간이 필요합니다. 기차로 가면 한 시간에 200Km를 갈 수 있지만 기차역까지 가는 데 한 시간이 걸리고요, 자동차로 가면 즉시 출발할 수 있고 한 시간에 100km를 갈 수 있습니다. 그렇다면 부산까지 가는데 가장 빠른 방법은 무엇일까요?"

일단 교통수단별로 걸리는 시간을 생각해봐야겠네요. 비행기는 준비시키고 이동하는 데 3시간을 써야 하고 타고 있는 시간은 1시간 30분이니 4시간 30분이 필요합니다. 기차는 1시간을 써서 기차역까지 가야 하고, 1시간에 200Km를 가니 600Km를 이동하는 데 3시간이 걸립니다. 모두 4시간이 걸리네요. 마지막으로 자동차로 이동하면 1시간에 100Km씩 6시간을 가야 600Km를 갈 수 있습니다. 그럼 비행기는 4시간 30분, 기차는 4시간, 자동차는 6시간이 걸리니 부산까지 갈 때는 기차로 가는 것이 가장 합리적이겠네요.

위 문제는 지금까지 이야기했던 방정식으로 이해하고 풀 수 있습니다.

자, 그런데 여러분이 이제 어디를 가든 어떤 이동 수단이 좋을지 척척 답을 내놔야 하는 사람이 되었다는 상상을 해볼게요. 많은 사람들이 목적지를 이야기하면서 여기는 무엇을 타고 가는 게 가장 빠르냐고 묻기 시작합니다. 그럼 그때그때 계산하는 것보다는, 미리 어느 지역은 어떤 교통수단이 빠르다는 것을 파악하고 있어야 되겠죠? 이 문제는 이제 어디부터 어디까지는 어떤 교통수단이 빠르고, 여기부터는 어떤 교통수단이 빠르다는 솔루션을 주는 문제로 바뀝니다.

여러분이라면 바뀐 이 문제를 어떻게 해결하시겠어요? 접근할 수 있는 방법은 무궁무진합니다만, 일단 생각을 좀 해보고 펜을 움직이는 것을 추천합니다. 아주아주 가까운 거리를 갈 때는 자동차가 가장 유리하겠죠? 1시간 이내에 갈 수 있는 곳은 볼 것도 없이 자동차가 가장 유리합니다. 아주아주 먼 곳을 갈 때는 비행기가 유리하겠죠. 그럼 이 문제는 이제 어느 구간부터는 기차가 자동차보다 빠르냐, 어느 구간부터는 비행기가 가장 빠르냐에 대한 문제로 바뀌게 됩니다. 이런 문제를 우리는 '부등식'이라고 부릅니다.

먼저 기차와 자동차에 대해서 한번 생각볼까요. 1시간이 지났을 때 자동차는 100Km를 이동했고, 기차는 아직 출발을 하지 않았습니다. 1시간이 더 지나, 총 2시간이 지났을 때, 자동차는 200Km 떨어진 지점까지 왔을 거고, 기차는 1시간 동안 200Km를 달려서 역시 200Km 떨어진 곳까지 왔을 겁니다. 그럼 기차와 자동차는 2시간이 지났을 때 200Km 떨어진 지점에서 만나게 됩니다. 그렇다면 2시간보다 짧은 시간이 걸려서 가야 할 때는 자동차가 기차보다 더 먼 곳까지 갈 수 있다고 할 수 있고, 200km보다 짧은 거리를 갈 때는 자동차가 더 빨리 갈 수 있다고 말할 수 있겠네요.

다음으로 기차와 비행기를 생각해보면, 기차는 출발한 지 3시간 동안 400Km를 갑니다. 비행기는 아직 출발하지 않았습니다. 그런데 1시간이 더 지나서 총 4시간이 흐르면 기차는 600Km를 움직였죠. 그리고 비행기는 1시간만에 400Km를 갑니다. 여기서 1시간이 더 흘러 5시간이 되면 기차는 200Km를 더 움직여서 800Km 떨어진 곳까지 갈 수 있고, 비행기는 400Km를 더 움직여서 800Km 떨어진 곳까지 갈 수 있습니다. 이제 비행기와 기차가 같은 거리만큼 움직였네요. 그럼 5시간보다 짧은 시간에 걸려서 가야 할 때는 기차가 비행기보다 더 먼 곳까지 갈 수 있고, 다르게 이야기하면 800Km보다 짧은 거리를 갈 때는 기차로 가는 게 더 빨리 움직일 수 있다는 이야기가 됩니다.

자, 이제 앞에서 이야기한 우리의 임무를 수행해볼까요. 200Km 이내의 거리는 자동차로 가야 합니다. 200Km부터 800Km 이내의 거리는 기차가 가장 빠른 이동 수단이고,

800Km보다 멀리 갈 때는 비행기를 타는 것이 합리적이겠네요. 우리가 지금 한 이 계산들은 간단한 것 같지만 부등식의 개념을 익힌 거나 마찬가지입니다.

말과 식과 그림을 자유롭게 왔다 갔다 할 수 있는 능력이 곧 수학력

이 글을 시작할 때 수학은 우리가 무엇인가를 결정하는 데 좋은 도구가 된다고 이야기했습니다. 무엇인가를 이해하고 결정하거나, 다른 사람을 설득하고자 할 때 수학을 어떻게 활용할 수 있을까요? 수학이 언어라는 것은 이 책에서 줄곧 이야기해왔습니다. 모든 언어에는 소리가 있고, 문자가 있고, 몸짓이 있습니다. 수학이라는 언어에도 말, 식, 그림(그래프)이 있습니다. 수학에서는 말과 식과 그림을 서로 변환하는 과정을 통해 더 쉽게 커뮤니케이션할 수 있게 된다는 것을 꼭 기억해야 합니다. (수학을 잘하는 친구들의 특징 중 하나는 말-식-그림의 전환을 굉장히 잘 이해하는 것입니다.)

어떻게 자유자재로 수학 언어가 변환되는지 함께해볼까요? 먼저 어떤 거리를 가기 위해서 자동차, 기차, 비행기를 탔을 때 걸리는 시간을 표로 만들어볼까요? 이 표가 의미하는 바를 설명해주고 아이들이 직접 채우도록 해보세요. 왼쪽에 있는 거리를 가기 위해서 자동차, 기차, 비행기가 각각 몇 시간이 필요한지 써보는 겁니다. (소수 개념은 안 배웠으니 채울 수 있는 칸만 채워도 됩니다.)

식으로 나타내는 것은 어떻게 하면 될까요? 아직 x, y 같은 문자를 사용해 식을 표현하는 것을 배우지 않은 상태이지만, 아이들은 머릿속에서 어렴풋하게나마 식을 세우고 있습니다. 이렇게 질문하면 머릿속에서 머물고 있는 식을 밖으로 끄집어낼 수 있습니다.

"그럼 10,000Km 떨어진 곳에 있는 데까지 가려면 각각 몇 시간이나 걸려?

"차는 100시간이고, 기차는 50시간인데 1시간 더해서 51시간, 비행기는 25시간인데 3시간 더해서 28시간."

"어떻게 구했어?"

"몇 Km 갈지 생각해서 그걸 1시간에 가는 거리로 나눠요! 그리고 기차는 1시간, 비행기는 3시간을 더해줘야 해요."

"그럼 네모 칸 Km만큼 가려면 어떻게 해야 해?"

거리	걸리는 시간		
	자동차	기차	비행기
0	0	1	3
100	1	1.5	3.25
200	2	2	3.5
300	3	2.5	3.75
400	4	3	4
500	5	3.5	4.25
600	6	4	4.5
700	7	4.5	4.75
800	8	5	5
900	9	5.5	5.25
1000	10	6	5.5

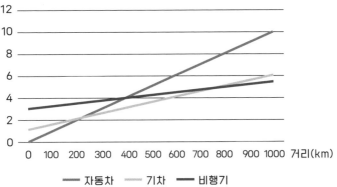

"똑같아요. 네모 칸을 1시간에 가는 거리로 나누고 기차는 1시간, 비행기는 3시간을 더해줘요."

이렇게 나온 걸린 시간과 거리를 점을 찍고 이어서 그래프로 만들어봅니다. 완성된 그래프를 보면 각 구간에서 가장 밑에 있는 그래프가 가장 적은 시간이 걸린다는 뜻인 것을 알 수 있습니다.

이제 말로 복잡하게 설명해야 했던 것이 그림 하나로 표현되었습니다. 원래라면 "600Km 갈 때는 자동차는 6시간, 기차는 4시간, 비행기는 4시간 30분이 필요하니까 기차로 가는 게 가장 빨라."라고 이야기했는데 이제는 "그래프에서 600Km 갈 때를 보니 기차가 가장 아래에 있네요. 그러니 기차로 갈 때 걸리는 시간이 가장 빨라요."라고 말할 수 있게 되었습니다.

조금 더 생각할 수 있는 여력이 있다면, 이번에는 같은 시간 동안 갈 수 있는 거리를 구해봅니다. 표를 채우고 마찬가지로 그림으로 나타내보면 다음과 같습니다.

시간	갈 수 있는 거리		
	자동차	기차	비행기
0	0	0	0
0.5	50	0	0
1	100	0	0
1.5	150	100	0
2	200	200	0
2.5	250	300	0
3	300	400	0
3.5	350	500	200
4	400	600	400
4.5	450	700	600
5	500	800	800
5.5	550	900	1000
6	600	1000	1200

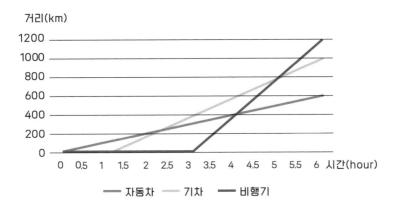

거리(km)

자동차 ── 기차 ── 비행기

같은 시간일 때 가장 위에 있는 그래프가 가장 멀리 갈 수 있는 교통수단이라는 것을 알 수 있습니다.

언어는 실제 사용해서 커뮤니케이션된다고 느꼈을 때 가장 재미있게 배울 수 있습니다. 수학도 언어라는 걸 잊지 마세요. 그리고 수학으로 커뮤니케이션하기 위해서 가장 필요한 것이 말과 식과 그림을 자유롭게 왔다 갔다 할 수 있는 능력입니다. 우리 주위에 있는 현상들을 가지고 얼마든지 식과 그림으로 대화할 수 있습니다. 수학도 재미있어지고 수에 대한 감각도 기를 수 있는 주제면 더 좋겠죠? 무엇을 타고 가는 게 더 빠른지, 어떻게 사는 것이 가장 싼지 등을 생각해볼 수 있습니다. 아래와 같이 상황을 만들어 부등식을 연습해보세요.

① 출발점과 증가하는 속도가 다른 두 가지 대상을 생각한다.

→ 입장료가 5,000원이고 한 권 대여료가 1,000원인 만화카페, 입장료가 10,000원이고 한 권 대여료가 500원인 만화카페

② 두 대상을 대표하는 값(여기서는 내야 하는 돈)이 같아지는 지점을 찾는다.

→ 10권을 봤을 때 두 만화카페 모두 내야 하는 돈은 15,000원

③ 입력 값(여기서는 보는 만화책의 수)이 아주 클 때와 아주 작을 때를 생각해보고 어느 영역에서 어느 쪽이 더 유리한지 생각해본다.

→ 100권을 봤을 때는 만화책 한 권당 대여료가 쌀 때가 유리하고, 한 권을 봤을 때는 입장료가 싼 쪽이 유리하다.

④ 이 문제를 소개하고 풀어보고, 표와 그림으로 그려본다.

기본기가 중요한
기하 파트

여러분들은 수학을 배울 때 기하 파트, 좋아하셨나요? 이 책을 읽으시는 분들 중에 기하, 도형이라고 하면 거부감부터 드는 분들이 있을 겁니다. 그만큼 기하, 도형 부분은 많은 사람들에게 공포로 다가오기도 합니다. 초등학교까지 수학을 곧잘 하다가 중학교에 들어가고 나서부터 기가 꺾이기 시작하는 아이들 중 상당수는 기하에서 고생했을 가능성이 높습니다. 그런데 역설적이게도, 수학을 잘하는 아이들은 기하를 굉장히 쉽게 생각하는 경우가 많습니다. 가장 공부를 덜 해도 되는 파트라고 생각하는 거죠. 기하 파트의 어떤 점 때문에, 사람에 따라서 가장 쉬운 파트가 되기도 하고 가장 어려운 파트가 되기도 하는 걸까요?

기하 파트는 다른 파트에 비해서 문제를 다양하게 변형하기가 쉽습니다. 기본 개념 자체는 많지 않은데, 그 개념들 자체를 조금씩 변형하거나 몇 개씩 조합해서 문제를 내는 것이 어렵지 않다는 의미입니다. (그런 의미에서는 기하는 과학의 물리와 비슷한 느낌을 받게 됩니다.) 예를 들면 직선과 원을 합쳐서 문제를 낼 수도 있고, 원 두 개의 관계에 대해서 문제를 낼 수도 있습니다. 포물선과 직선에 대해서 문제를 낼 수도 있고, 포물선 두 개의 관계에 대해서 문제를 낼 수도 있습니다. 무궁무진하게 많은 유형의 문제를 만들어낼 수 있는 대신, 기본이 탄탄하다면 어떤 문제가 나와도 고민을 시작할 수 있는 여지가 있는 것이 기하 파트이기 때문에 가장 어려운 파트이면서 동시에 가장 쉬운 파트로 인식되고 있습니다.

위에서 기본이 탄탄하다면 어떤 문제가 나와도 해결 가능하다고 말했는데, 여기서 기본이라는 건 무엇을 의미할까요? 제가 이 글에서 이야기하고 싶은 것은 기하 파트의 기본을 어렸을 때 잘 가르쳐줘야 한다는 것인데요, 기하 파트는 학년이 아무리 올라가도 (심지어 대학교까지) 결국 이 기본에 대한 이야기에서부터 시작하게 되기 때문에 특히나 그 '기본'이 중요합니다. 기본이 중요하다는 말이 너무나 당연하게 들리지만, 막상 어떤 분야에서 이걸 잘하기 위해 필요한 기본이 무엇이냐고 물으면 대답하기가 쉽지 않습니다. 이 질문에 대한 대답이 어렵기 때문에 (기하, 수학뿐 아니라 모든 분야에서) 기본에 충실하자는 말도 생각보다 실천하기 어렵습니다.

기하에서 기본은 바로 도형입니다. 도형의 기본은 점, 선, 면, 각입니다. 중고등학교 과정까지로 한정하면 도형은 우리가 실재하는 3차원 공간 내에서 그림으로 묘사할 수 있는 개체들을 이야기하고, 이 개체들은 결국 점, 선, 면, 각으로 표현해낼 수 있습니다. 중고등학교까지 기하학에서 다루는 모든 내용들은 어떤 '점, 선, 면, 각'들이 어떤 위치 관계를 가지고 존재하는지에 대한 것들입니다. 즉, 기하에서 다루는 내용들은 점, 선, 면, 각을 가지고 설명할 수 있고, 그 설명만 잘할 수 있으면 기하를 쉽게 받아들일 수 있습니다. 반대로 이야기하면 그렇게 설명할 수 있어야만 좋은 점수를 받는 것이 가능하고, 문제 유형을 학습하거나 기출문제를 푸는 것으로는 커버하기가 대단히 어렵습니다.

점, 선, 면, 각을 이용해서
원의 넓이 구하기

우리는 원의 넓이를 구하는 법을 어떻게 배우고 있을까요? 교육 과정이 발전하면서 원의 넓이를 구하는 법을 교과서에서 찾을 수 있습니다. 가장 많이 알려진 방법은 두 가지입니다.

첫 번째로는 내접/외접하는 다각형을 이용한 방법입니다. 원에 꽉 차는 정사각형과 원과 모든 모서리에서 만나는 정사각형을 그려봅니다. 원의 넓이는 '두 사각형의 넓이 사이 어딘가'라는 것을 알 수 있죠. 이번에는 정오각형을 활용해서 같은 과정을 반복해봅니다. 정사각형을 활용했던 경우 비해서 두 정오각형의 넓이 차가 줄어든 것을 알 수 있습니다. 정육각형은 어떨까요? 마찬가지로 정오각형에 비해서 두 다각형의 넓이 차가 줄어들었습니다. 만약 정다각형이 정128각형이 되면 어떨까요? 정256각형이 되면 어떨까요? 외접하는 정다각형과 내접하는 정다각형의 넓이 차가 거의 0에 가깝게 수렴해간다는 것을 알 수 있습니다.

같은 방식으로 원 둘레의 길이(원주의 길이)도 구할 수 있습니다. 인류는 고대 그리스 시절부터 원의 둘레를 측정하는 방법에 대해서 고민했었는데요, 이제 사람들은 많은 연구를 통해서 지름이 1인 원의 둘레는 약 3.14라는 걸 알고 있습니다. 지름이 2인 원의 둘레는 3.14의 두 배가 되겠죠. 지름이 10,000이라면, 원의 둘레는 10,000×3.14가 될 겁니다. 이렇게 원의 지름과 둘레의 비율은 항상 일정하고 그 비율을 우리는 원주율이라고 하는데요, 이 원주율이 바로 π(파이)이고 그 값이 약 3.14 정도인 거죠.

　두 번째 방법으로는 아르키메데스가 사용한 방법입니다. 다음 그림처럼 원을 아주 잘게 쪼개주면 사실은 부채꼴 모양이지만 자르면 자를수록 삼각형에 가까운 모양으로 보입니다. 그 삼각형에 가까운 도형들을 끼워 맞추면 직사각형에 가깝게 만들 수 있습니다.

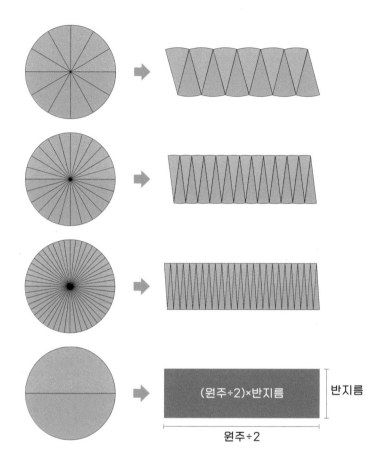

마지막에 그려진 직사각형을 잘 보세요. 높이는 원의 반지름과 똑같죠? 가로는 원의 둘레를 잘게 쪼개서 모아놓은 것이기 때문에 원 둘레의 절반과 같습니다. 원의 둘레가 잘게 쪼개져서 절반은 윗변이 되어 있고, 절반은 아랫변이 되어 있다는 걸 살펴보면 알 수 있습니다. 직사각형의 넓이는 높이 곱하기 밑변이니까, (원의 반지름)×(원 둘레의 절반)이 되겠네요. 그럼 원의 반지름을 r이라고 하면, 원의 둘레는 위에서 말한 대로 2r×π가 되겠네요. 바로 다음과 같은 식을 만들 수 있습니다.

원의 넓이
=직사각형의 넓이
=(원의 반지름)×(원 둘레의 절반)= $r \times (\frac{2\pi r}{2}) = r \times \pi r = \pi r^2$

지금까지 한 작업은 고도의 수학적 스킬을 사용하지 않았습니다. 물론 정다면체의 넓이를 구하기 위해서는 중고등학교에서 배우는 몇 가지 스킬이 필요하지만, 지금 우리는 정확한 값을 구하고자 한 것이 아니라 원의 넓이를 구하는 방법을 고민하고 있기 때문에 큰 문제가 되지는 않습니다.

기하는 결국 기본에 충실할 때 쉽게 정복할 수 있습니다. 우리가 오늘 아이들에게 가르쳐준 두 가지 방법은 모두 이미 알고 있는 것들에서부터 시작해서 점, 선, 면, 사각형, 삼각형만을 가지고 생각해낼 수 있었습니다.

그리스의 수학자들이 기하에 대해 알아낸 방법들은 엄청난 발견이었음에도 불구하고 우리가 알고 있는 기본 지식들을 잘 활용해서 만들어낸 성과들인 것이 많습니다. 이런 이야기를 아이들에게 설명해주는 것은 아이들이 기하라는 과목을 거부감 없이 받아들이는 데 도움이 됩니다.

수학에서 중요한 건
공식이 아니다

이 글을 읽고 계신 여러분은 중고등학교 때, 수학 공식을 몇 개나 외우셨나요? 이 책에서는 수학 공식을 외우지 않는 것에 대해 계속해서 강조하고 있습니다. 외우면 당장은 머릿속에 남는 것 같지만 다시 잊어버리기 쉽고, 복원되기도 어렵다고 설명드렸습니다.

그렇다면 수학 공식은 어떻게 만들어질까요? 공식을 배우기 전에 선생님들은 문자가 아닌 수를 가지고 설명합니다. 예를 들면 3×5는 3을 5번 더했다는 뜻이라는 거죠. 3×1,000은 무슨 뜻일까요? 3을 1,000번 더했다는 거겠죠. 수를 문자로 바꿔보겠습니다. 3 곱하기 A는 무슨 뜻일까요? 많은 아이들이 추론 능력을 발휘해서 3을 A번 더한 것이라고 대답할 수 있습니다. 최종 결과물이 조금 더 복잡할 뿐이지 모든 수학 공식은 이와 비슷한 방식으로 만들어집니다.

현실의 수학교육은 공식을 상당히 강조하고 있습니다. 공식을 강조하는 것은 좋은데, 그러다 보니 학생들은 공식이 나오는 과정을 상대적으로 경시하게 됩니다. 그런데 수학을 언어로 배우고 수학 언어로 커뮤니케이션이 된다는 것을 경험한 아이들에게는 공식이 상당 부분 필요 없게 됩니다. 공식을 외워서 수학 문제를 풀어내는 아이들과 그렇지 않은 아이들은 어떤 차이가 있을까요?

얼마 전 차를 타고 가면서 아들과 나눈 대화입니다.

"아빠 오늘 수행평가 봤는데, 잘하는 애들도 '잘함'을 많이 받았는데 나는 '매우 잘함'을 받았어."

"오, 정말? 근데 현우야, 현우가 이야기하는 잘하는 애들은 누구야?"

"학원에서 선행해서 p 더하기 q 더하기 c. 막, 이런 거 하는 애들이 꽤 있어."

(뭘 배운 걸까?)

"그렇구나, 현우가 그 친구들보다 수행평가를 더 잘 봤어?"

"응, 걔네들은 대부분 잘함이야."

"그럼 현우도 나중에 배울 거 미리 배우고 싶어?"

"아니, 그렇지는 않아."

"그럼 현우야, 이거 한번 해볼까? 3 곱하기 A는 무슨 뜻일까?"

"A를 3번 더한 거."

"그럼 3 곱하기 A에다가 4 곱하기 A를 더하면 어떻게 될까?"

"음… 12 곱하기 A."

"수학은 그렇게 찍어서 맞추려고 하면 안 돼. 3 곱하기 A 더하기 4 곱하기 A는 무슨 뜻이야?"

"(잠시 가만히 있다가) 7 곱하기 A. A를 다 합쳐서 7번 더한 거 잖아."

"잘했어. 그럼 4 곱하기 A에다가 또 5를 곱하면 어떻게 될까?"

"(잠시 침묵) A+A+A+A를 5번 더한거니까, 20 곱하기 A."

"잘했어. 이렇게 하면 현우도 미리 배운 거나 마찬가지야."

이런 대화는 부모와 아이가 모두 집중해서 나눈다는 전제하에 초등학교 3학년 이상이면 누구나 할 수 있습니다. 이런 문제를 내주고 아이들이 풀 수 없다고 생각하는 이유는 바로바로 답이 나와야 아는 것이라고 생각하기 때문입니다. 그렇지만 생각할 시간을 주고 틀리더라도 답을 이야기할 때까지 기다려주면 아이들이 중학교 과정에 해당하는 내용까지 스스로 습득해나가는 것을 목격할 수 있습니다. 물론 아이마다 걸리는 시간과 필요한 힌트의 양은 다르지만요.

숫자와 문자를 연결시켜 생각할 수 있는 관점을 키워주는 대화

중고등학교 때 배우는 내용 중 '공식'으로 받아들이고 있지만 공식을 암기할 필요 없이 자연스럽게 받아들일 수 있는 개념들이 꽤 있습니다.

다음은 초등학교 1학년 아이와 나눈 대화 내용입니다.

"하준이 너 제곱이라는 거 알아?"

"(어리둥절 고개를 절레절레)"

"3 곱하기 4는 무슨 뜻이야? 3+3+3+3 이렇게 쓰기 귀찮으니까 3 곱하기 4라고 하기로 했지?"

"네."

"그런데 3의 4제곱은 무슨 뜻이냐면, 3×3×3×3 이렇게 네 번 곱하는 게 귀찮아서 3의 4제곱이라고 하기로 했어. 그럼 3의 3제곱은 얼마일까?"

"음… 27이요."

"그렇지. 잘 이해했네. 그럼 진짜 어려운 거 한다. 3의 2제곱에다가 3을 한 번 더 곱하면 어떻게 되게?"

"3을 세 번 곱한 거니까 3의 3제곱!"

"오! 좋아! 그럼 이번엔 더 어려운 거 한다! 3의 2제곱이랑 3의 3제곱을 곱했어. 그럼 3의 몇제 곱이야?"

"(곰곰이 생각) 3을 2번 곱하고 3번 더 곱해서 5번이요. 3의 5제곱 아녜요?"

"오~ 진짜 열심히 생각했네? 그럼 3을 A번 곱한 거랑 3을 B번 곱한 것을 곱했어. 이걸 뭐라고 할까?"

"3의 A제곱 곱하기 3의 B제곱이요."

"그건 계산해서 줄일 수 있어? 아까 숫자로 했던 거 생각해봐."

"3의 A 더하기 B 제곱이요."

"너 이거 언제 배우는 건지 알아?"

"…. (초롱초롱)"

"이거 고등학교에서 배우는 거야. 몰랐지? 3의 A제곱 곱하기 3의 B제곱은 3의 A+B제곱. 외울 필요 있어? 없어?"

"없어요."

"그렇지? 꼭 기억해야 돼!?"

짧은 대화를 통해서 중학교 과정의 연산 파트, 고등학교 과정의 지수법칙에 대한 이해를 상당 부분 해냈습니다. 이 아이가 뛰어난 머리를 갖고 있어서 가능했던 걸까요? 제가 대단한 지식을 가지고 대화했기 때문에 가능했던 걸까요? 그렇지 않습니다. 영재로 태어나지 않아도 특별히 머리가 좋은 아이가 아니더라도 이런 대화를 통해 충분히 중고등학교 수학 개념까지 깨우칠 수 있습니다. 우리가 자녀와 이런 대화를 하지 않는 이유는 두 가지입니다. 아이들과 이렇게 대화를 할 수 있다는 사실을 모르는 게 첫 번째 이유이고, 도움될 거라는 생각을 해보지 못한 것이 두 번째 이유입니다.

어렸을 때부터 이런 대화를 하면서 자란 아이들이 수학을 잘하는 사람으로 성장할 것이라는 건 굳이 설명하지 않아도 느끼셨을 겁니다. 여기서 '이런 대화'란 초등학생들이 알고 있는 것들을 활용해서 중고등학교 과정의 기초적인 공식에 대해 고민해보는 시간을 갖는 것입니다. 이런 대화를 통해서 숫자를 가지고는 곧잘 하다가 숫자를 문자로 바꾸면 어려워하는 아이들을 도와줄 수 있습니다.

시간을 충분히 주면 어떤 아이나 따라올 수 있는 중고등학교 수학 질문은 무엇이 있을까요? 예를 들어보겠습니다.

중학교 인수분해 합차 공식

"4를 두 번 곱하면 얼마야?"

"16."

"거기서 1을 뺀 거는 몇 곱하기 몇이야?"

"15니까 3 곱하기 5."

"그럼 6을 두 번 곱한 거에서 1을 뺀 거는 몇 곱하기 몇이야?"

"35니까 5곱하기 7, 어?"

"그럼 8을 두 번 곱한 거에서 1을 뺀 거는 몇 곱하기 몇이 되게?"

"7 곱하기 9?"

"그럼 네모 곱하기 네모에서 1을 뺀 거는 뭐랑 뭘 곱한 게 될까?"

"네모에 1 뺀 거랑 네모에 1 더한 거를 곱한 거!"

중학교 곱셈 공식

"10 곱하기 10은 10을 10번 더한 거잖아. 그럼 10 곱하기 9는 거기서 어떻게 하면 돼?"

"10을 9번 더한 거니까 100에서 10을 한 번 빼주면 되지."

"그럼 9 곱하기 9는 거기서 어떻게 하면 돼?"

"9를 9번 더한 거니까 9를 10번 더한 거에서 9를 한 번 빼주면 돼."

"그럼 9 곱하기 9는 10 곱하기 10에서 10을 한 번 빼고 9를 한 번 뺀 거네?"

"그럼 100 곱하기 100이 10,000이잖아. 99 곱하기 99는 어떻게 하면 쉽게 계산할까?"

"10,000에서 100을 한 번 빼주고 99를 한 번 빼주면 되지."

이런 질문 몇 개로 아이들에게 곱셈 공식을 미리 배우게 하는 효과를 기대하는 것은 아닙니다. 아이들에게 숫자와 문자를 연결시켜 생각할 수 있는 관점, 그리고 공식이라는 것이 어떻게 만들어지는지를 친근하게 받아들이는 태도를 가지도록 하는 것

이 궁극적인 목적입니다.

여러분도 숫자와 문자를 넘나드는 질문이 아이들에게 큰 도움이 된다는 '관점'만 갖게 된다면 누구나 아이에게 좋은 질문을 해주는 부모가 될 수 있습니다. 특히 요즘 같은 시대에는 인터넷 검색과 ChatGPT를 활용해서 아이들에게 해줄 좋은 질문을 만들어낼 수 있습니다. 중요한 것은 결국 부모의 '관점'입니다.

초등학생은 푸는데
고등학생은 못 푸는 수열

　몇 년 전에 인기를 끌었던 케이블 방송의 한 퍼즐 프로그램에서 자주 나왔던 문제 중 하나가 "이다음에 올 수는?"이라는 문제입니다. 몇 개의 수를 나열해놓고 패턴을 파악해서 그다음에 올 수를 맞히는 문제죠. 이런 유형의 문제는 지능지수를 측정하거나 영재성을 판단할 때도 자주 활용됩니다. 이렇게 수를 어떤 규칙에 의해 나열해놓은 것을 우리는 수열이라고 부릅니다.

　수열과 관련된 굉장히 유명한 일화가 있습니다. 독일의 한 초등학교 3학년 교실에서 있었던 일입니다. 선생님이 행정적으로 처리해야 할 일이 있어서 수업을 진행하기 어려운 상황이 생겼습니다. 그래서 선생님은 학생들에게 1부터 100까지의 수를 더하고 있으라고 했고 학생들은 끙끙거리면 열심히 계산을 하기 시작했습니다. 그런데 한 학생이 아무것도 하지 않고 멀뚱멀뚱 있었습니다. 신경이 쓰인 선생님은 그 학생에게 왜 문제를 풀지 않느냐고 물었는데 문제를 다 풀었다고 대답이 돌아왔습니다. 문제를 내준 지 1분도 안 되었는데 그럴 리 없다고 생각한 선생님은 답이 얼마인지 물었고, 그 학생은 5,050이라고 정확한 답을 말했습니다. 어떻게 풀었는지 궁금해진 선생님은 학생에게 풀이 방법을 물었고, 그 학생이 대답한 풀이 방법은 '등차수열의 합 공식'이 되어 지금도 전 세계의 교과서에 실려 있습니다. 많은 분들이 이미 알고 계시겠지만 이 학생의 이름은 수학계의 거장 '카를 프리드리히 가우스Carl Friedrich Gauß'입니다.

이 문제는 가우스가 얼마나 대단한 사람인지를 알려주는 일화이지만 동시에 수열 문제를 초등학생도 처리 가능하다는 것을 알려주는 일화입니다. 가우스는 1과 100을 더해도 101, 2와 99를 더해도 101, 3과 98을 더해도 101이라는 것에 착안해 '총 100개의 수를 더하는 것인데 두 개씩 짝을 지었으니 101을 50번 더하면 되겠다.'라는 생각의 과정을 거쳐 문제를 풀었습니다. 이

과정은 특별한 수학적 스킬이 필요하지 않기 때문에 초등학생도 풀 수 있는 문제 풀이 방법입니다. 다만, 가우스는 다른 사람의 도움을 받지 않고 이런 생각을 처음으로 해낸 것이니 대단합니다.

우리가 초등학교에서 등차수열과 등차수열의 합을 가르치지 않는 이유는 '문자와 식'을 배우지 않아서 일반화가 다소 어렵고, 추상적인 사고의 발달 상태에 따라서 아이들마다 받아들이는 속도의 차이가 크게 발생할 수 있기 때문입니다. 이것을 거꾸로 이야기하면 아이들의 수준에 맞춰서 수열 문제를 내주면 추상적 사고를 연습하는 효과를 얻을 수 있다는 것을 의미합니다.

수열에서 가장 중요한 건 규칙을 찾아내고 말로 설명하는 과정

곱하기를 배운 2학년 이상 초등학생들에게 가우스의 일화를 활용해서 등차수열의 합 문제를 풀도록 하면 거의 모든 학생들이 잘 해냅니다. 푸는 시간에 차이가 날 뿐이죠. 예를 들어서 문제를 하나 내보겠습니다. 아래와 같은 수열이 있습니다.

1, 3, 5 … 17, 19

수열에서 가장 중요한 파트는 규칙을 찾아내고 그것을 말로 설명하는 과정입니다. 일단 1부터 시작해서 2씩 커지는 수열이라는 것은 아이들도 쉽게 찾아냅니다. 아직 표현력이 부족한 아이들에게는 다음 수가 무엇이 올지 물어보는 것으로 확인을 할 수 있습니다. 가우스가 풀었던 방식으로 문제를 풀기 위해서는 첫 번째 항과 마지막 항이 얼마인지, 그리고 항이 몇 개인지에 대한 정보가 필요합니다. 위 수열에서는 첫 항과 마지막 항이 각각 1과 19니까, 1부터 19까지의 수가 총 몇 개인지만 알면 되겠네요. 아이들에게 시간을 주면 끙끙거리고 몇 번의 시행착오를 거치면서 답을 찾아냅니다. 1부터 시작해서 2씩 더해 나가는데 19는 1에 18이 더해졌으니 9번을 더한 거네요. 그럼 1로 시작했고, 아홉 개의 수가 더 나왔으니 총 열 개의 수로 이루어진 수열이라는 것을 알 수 있습니다.

$$1+3+5+ \cdots +15+17+19$$
$$=(1+19)+(3+17)+(5+15)+(7+13)+(9+11)=20 \times 5=100$$

어떤가요? 시행착오를 겪을 수는 있지만 초등학생도 풀 수 있는 문제라는 것을 확인하셨을 겁니다. 실제로 사고력 훈련을 강조하는 많은 학원에서 등차수열의 합 문제를 초등학생들에게 풀게 하면서 추상적 사고를 활용한 문제 해결 능력을 길러주려고 합니다. 원리는 똑같지만 시작하는 수, 수와 수 사이의 간격, 항의 개수를 바꾸는 것만으로도 훌륭한 문제가 됩니다. 예를 들면 다음과 같은 문제가 있겠네요.

"3+7+11+⋯ +99=?"

여기서 꼭 짚고 넘어갔으면 하는 재미있는 사실이 하나 있습니다. 지금 위에서 풀어본 등차수열의 합 문제는 초등학생들도 조금만 끙끙거리면 누구나 풀 수 있습니다. 숫자가 조금 복잡해지거나 계산이 오래 걸릴 뿐이지 원리는 똑같거든요. 그런데 고등학생들에게 이 문제를 풀어보라고 하면 의외로 많은 학생에게 다음과 같은 대답이 돌아옵니다.

"공식이 기억 안 나요. 외웠었는데 까먹었어요."

물론 상위권 학생 대부분은 원리를 사용해서 등차수열의 합 문제를 공식 없이 풀어낼 수 있습니다. 그렇지만 배운 방식이 아니면 문제를 푸는 다른 방법을 찾아낼 수 없는 학생들의 비율이 예상보다 높습니다. 어렸을 때 이 문제를 접한 적이 없다면 고등학교 때 배운 아래 공식을 사용해서만 문제를 풀 수 있게 됩니다.

$$S_n = \frac{n\{2a_0 + (n-1)d\}}{2}$$

복잡하고 와닿지도 않는데 고등학생들은 이 식을 외워서 문제 풀이를 하고 있는 겁니다. 학생들이 공식을 활용하지 않는 문제 풀이 방법 자체를 고려하지 않는 것을 보면 안타까운 마음이 듭니다. 수열 단원에서는 외울 공식이 거의 없다고 생각하기 때문에 더욱 그렇습니다.

제가 이 글을 쓰는 이유는 몇 개의 문제를 소개하기 위해서가 아닙니다. 이런 문제를 초등학생들에게 내줄 수 있다는 관점, 그리고 이런 문제를 내주는 것이 결국 공식에 의존하지 않고 문제를 해결하는 아이를 만들 수 있다는 관점을 갖도록 돕기 위해서입니다.

아래는 ChatGPT에게 초등학생이 풀 수 있는 등차수열의 합을 구하는 문제를 내달라고 부탁한 결과입니다. 우리 아이들에게 이런 문제를 내주는 게 필요하다는 관점을 가지고 고민해 보면 문제는 쉽게 구할 수 있습니다.

ChatGPT의 말:

다음은 초등학생 수준에서 풀 수 있는 등차수열의 합 문제 열 개입니다. 문제 난이도를 적절히 조절해서 아이들이 스스로 생각하며 풀 수 있도록 구성했습니다.

문제 1

1부터 10까지의 숫자를 모두 더하면 얼마일까요?

답: _____

문제 2

1부터 20까지의 숫자를 모두 더하면 얼마일까요?

답: _____

문제 3

2부터 20까지 2씩 증가하는 숫자를 모두 더하면 얼마일까요?

답: _____

문제 4

5부터 50까지 5씩 증가하는 숫자를 모두 더하면 얼마일까요?

답: _____

문제 5

1부터 100까지의 숫자를 모두 더하면 얼마일까요?

답: _____

문제 6

3부터 30까지 3씩 증가하는 숫자를 모두 더하면 얼마일까요?

답: _____

10부터 100까지 10씩 증가하는 숫자를 모두 더하면 얼마일까요?

답: _____

7부터 70까지 7씩 증가하는 숫자를 모두 더하면 얼마일까요?

답: _____

1부터 15까지의 홀수를 모두 더하면 얼마일까요?

답: _____

2부터 20까지의 짝수를 모두 더하면 얼마일까요?

답: _____

무한의 세계,
수학은 결국 철학이다

수학을 전공하거나 수학을 아주 좋아하는 사람들은 이미 받아들였는데, 대부분의 사람들에게는 '무슨 말인지는 알겠는데 받아들이기 힘든' 수학적 명제가 몇 가지 있습니다. 그중 대표적인 것을 소개하면 아래와 같습니다.

$$0.9999999\cdots = 1$$

0.999…가 '끝없이' 나열되어 있다고 하면 그 수는 1과 같다고 봐야 할까요? 아니면 그냥 같다고 치는 거지 사실은 아주아

주아주 조금이지만 1보다 작은 거라고 보는 것이 맞을까요?

SNS에서도 이 이야기가 나오면 받아들이지 못하는 사람들과, 이해시키고 설명하려고 하는 사람들의 이야기로 시끌시끌해집니다. '1보다는 작다.'는 사람과, '1보다는 실제로 작지만 그냥 1이라고 약속한 것이다.'라고 주장하는 사람들, '실제로 1과 같은 게 맞다.'라는 사람들이 모여서 이야기하고 있으면, 이 토론이 익숙하지 않은 사람들은 누구 말이 맞는지 판단하기가 어려워집니다.

불과 100년 전까지만 해도 이 문제는 수학자들 사이에서도 논란거리였습니다. 수학의 갈릴레오라고 불리는 수학자 칸토어가 '무한집합'에 대한 이야기를 꺼내고, 코시^{Cauchy}와 바이어슈트라스^{Weierstraß}라는 수학자들이 '입실론—델타 정의'를 통해 함수의 극한을 엄밀히 정의하는 방법을 찾아내면서 그전까지는 논란이었던 많은 것들이 지금 우리가 당연하게 생각하는 지식으로 변해왔습니다. 0.9999…를 사실상 1이라고 생각해왔지만 엄밀하게 증명한 것은 수학사에서도 100년이 채 되지 않는 일입니다.

결론적으로, 현대 수학에서 0.99999…는 1과 완전히 같은 수입니다. 같은 것으로 치는 것도 아니고 정말로 같은 수입니다. 이유를 간단하게 소개하면, 0.99999…와 1사이에 있는 수를 찾을 수 없기 때문이죠. (각자 한번 생각해보세요. 0.99999…와 1 사이에는 어떤 수가 있는지 말이죠.)

여기까지 읽고 나니 어떤 생각이 드시나요? 역시 수학은 숫자를 가지고 계산하는 방법을 배우는 과목이 아니라는 생각이 들었다면, 의도를 눈치채신 겁니다. 수학은 우리가 살고 있는 세상을 표현하는 도구이자 언어라고 이야기해왔는데요, 다른 표현으로 수학은 철학이라고도 할 수 있습니다. 감각으로만 세상을 받아들이기 쉬운 우리들이 이성과 논리로 세상을 바라볼 수 있도록 해주는 생각의 방식이 바로 수학입니다. 위에서 이야기한 예시는 많은 사람들이 '저런 걸 알아서 어디에 쓰겠어?'라고 생각하지만, 무한의 개념이 없었다면 미분/적분도 없었을 테고, 그렇다면 지금 우리가 사용하고 있는 각종 전자기기, 통신기기들 역시 존재하지 않았을 겁니다.

새로운 세계관을 받아들일 때 확장되는 수학 세계

수학을 배우다가 세계관이 확장되는 시기가 있습니다. 대표적으로 중학교에 올라가서 마이너스 부호를 배우고 문자를 사용해서 식을 표현하면서 이전에는 생각하지 못했던 세계를 받아들이게 됩니다. 고등학교에서는 무리수/허수와 무한을 배우면서 세계관이 확장됩니다.

아이들에게 수학적 세계관을 확장시켜주는 것은 추상적 사고가 가능하도록 돕고, 수학을 조금 더 본질에 가깝게 받아들이도록 하는 것에 도움이 됩니다. 이런 작업이 결국 중고등학교 공부, 나아가 입시에도 도움이 되는 것은 물론입니다. 중학교에 올라가서 갑자기 수학이 어려워지는 친구들, 고등학교에서 수학을 못 따라가기 시작하는 친구들은 세계관의 확장에서 어려움을 겪는 경우가 많습니다.

무한하다는 개념, 끝이 없다는 개념을 받아들이는 것, 그런 세계가 있다고 가정해볼 수 있겠다고 생각하는 것이 바로 수학에서 새로운 세계관을 받아들이는 과정입니다. 그리고 그때는 어떤 일이 벌어질 수 있는지 생각을 확장해나갈 수 있습니다.

이제는 문자로 식을 표현하는 것이 익숙해졌을 겁니다. 문제를 하나 내보겠습니다. 다음과 같이 표현하는 식이 있다고 해볼게요.

$$\frac{n+3}{n+10}$$

여기서 n이 무한히 커지면 이 식의 값은 얼마로 수렴할까요. n이 무한대로 커지면 n+10이 n이 되는 것은 아닙니다. 하지만 n이 무한히 커지면 $\frac{1}{n}$이 0으로 수렴한다는 것을 알게 되면 의외로 답은 쉽게 알 수 있습니다. ($\frac{1}{n}$에서 n이 커질수록 $\frac{1}{n}$이 작아지고 n이 결국 무한대로 커지면 $\frac{1}{n}$은 0이 됩니다.)

위 식의 분자와 분모에 똑같이 $\frac{1}{n}$을 곱하면 다음과 같은 식이 됩니다.

$$\frac{1+\frac{3}{n}}{1+\frac{10}{n}}$$

여기서 n이 아주 커지면 $\frac{3}{n}$과 $\frac{10}{n}$은 0이 될 테니 이 식의 값은 1이 됩니다.

같은 원리로 아래와 같은 문제도 생각해볼 수 있습니다.

$$\frac{2n+3}{3n+5}$$

위에서 한 것처럼 분모와 분자를 n으로 나눠주면 다음과 같
은 식이 되겠죠.

$$\frac{2+\frac{3}{n}}{3+\frac{5}{n}}$$

여기서 n이 또 무한히 커진다면 위 식은 $\frac{2}{3}$가 되겠네요.

이렇게 무한의 세계를 인지하면서 수학에서 이해할 수 있는
것들이 폭발적으로 많아집니다.

Level 2에서 소개했던 힐베르트의 호텔 문제(p.183 참조)도 더
확장될 수 있습니다.

힐베르트가 종업원으로 일하고 있는 호텔에는 무한 개의 방이
있는데 현재 만실입니다.

Q: 그런데 새로운 손님 100명이 왔습니다. 어떻게 하면 좋을
까요?

A: x번째 방에 묵고 있는 손님을 x+100으로 이동시킵니다.

Q: 이번에는 방에 묵고 있는 손님들만큼의 새로운 손님이 또
왔습니다. 어떻게 하면 좋을까요?

A: x번째 방에 묵고 있는 손님을 2x번째 방으로 옮겨달라고
부탁합니다.

어떤가요? 듣다 보니 무한의 세계가 조금 친근하게 느껴지시나요? 이미 책 앞에서 제 아들 현우에게 무한에 대한 퀴즈를 내주고 대화했던 내용을 인용했던 적이 있습니다.(p.182 참조)

Q: 무한 더하기 100은 얼마일까?
A: 무한! 무한은 끝이 없으니까 100 정도 커져도 그냥 무한이지.
Q: 그럼 무한 나누기 2는?
A: 그것도 무한이지.
Q: 그럼 무한 나누기 1억은?
A: (1억은 엄청 큰데…) 그래도 무한.

우리가 위의 질문을 통해서 아이들에게 알려주고자 하는 것은 무엇일까요? 무한이라는 파트에 대한 선행학습이 아닙니다. 무한의 개념을 고등학생 수준으로 완벽하게 활용하지 못하면, 미분/적분을 잘 받아들일 수 없습니다. 거꾸로 말하면 이렇게 아직 알지 못하는 세상에 대해 호기심을 느끼고 접해본 아이들은 중고등학교 과정이 쉽게 느껴질 수 있습니다. 왜 무한과 관련된 내용들이 미분/적분을 배우는 데까지 영향을 주는지에 대해서는 다음 장에서 계속 이야기해보겠습니다.

미적분이라는 봉우리를 보며
즐기는 등산

　제가 어렸을 때도 미분/적분은 '어렵다'는 말의 대명사처럼 쓰였던 것 같습니다. 어떤 학원 선생님께서는 아이들이 어려워하면 "야, 우리가 지금 미적분을 하는 게 아니잖아."라고 말씀했던 기억이 나네요.

　그런데 미분/적분은 어렵지 않습니다. 여러분이 가진 생각과 너무 다른가요? 그렇지만 제가 학생으로서 고등학교, 대학교, 대학원을 거치고 수학 유튜브 채널을 운영하면서 공부해보고 그 과정에서 수많은 아이들에게 수학을 가르쳐보니 미분/적분 자체가 어렵지 않다는 생각은 점점 강해집니다. 미분/적분은 사실 하나의 계산 과정을 배우는 것이고, 그래프를 해석하는 과정으로 사용되는 경우가 많습니다만, 한 번 익혀두면 내용 자체가 복잡하지는 않습니다.

그럼에도 많은 학생들이 미분/적분을 어렵다고 인식하는 이유는 뭘까요? 이 책의 앞부분에서 수학이 어려운 이유에 대해 설명하며 그 답을 미리 말씀드린 적이 있습니다. 바로 미적분을 배우러 가는 그 길이 험난하기 때문입니다. 미적분을 배우기 위해서 필요한 것들이 많이 있는데, 그 중간 단계를 허술하게 넘어갔거나, 빠진 부분이 있으면 자연스럽게 '아, 적분은 어려워.'라고 느낄 수밖에 없습니다.

중고등학교 수학은 결국 미적분을 공부하기 위해 배우는 것이라고 해도 과언이 아닙니다. 당장 미적분을 배우기 위해서는 극한(무한), 수열, 함수, 도형의 성질을 알아야 합니다. 또, 그것들을 배우기 위해서는 식의 연산, 방정식, 수의 체계 등을 알아야 합니다. 그래서 고등학교 과정에서 미분/적분을 어려워하지 않는다면 지금까지 큰 구멍 없이 착실하게 잘 공부해왔을 학생일 가능성이 큽니다.

이 이야기를 거꾸로 해보면 미분/적분이 뭔지, 왜 배우는지 이해하고, 미적분을 공부하기 위해서 무엇이 필요한지 알려준다면 학생들이 훨씬 쉽게 수학을 공부할 수 있다는 의미가 됩니다. 초중고 교육에서 배우는 수학을 미적분을 배우기 위한 여정으로써 받아들이는 거죠. 우리는 등산을 할 때 어느 봉우리에 올라갈지를 미리 정하고 올라갑니다. 올라가는 길이 힘들고 멀게 느껴져도 그 봉우리를 보면서 '내가 어느 정도 올라왔는지', '어느 정도 시간이 더 걸릴지' 평가하고 예측하는 것이 가능합니다.

아이들에게 미분/적분 스킬을 미리 가르쳐주라거나, 문제를 풀 수 있도록 도와주자는 이야기가 아닙니다.

"나중에 우리가 미분/적분에서 이런 걸 배울 건데, 이걸 풀려면 수열, 극한 이런 것들이 필요해. 그래서 앞으로 이런 것들을 먼저 배우고 그다음에 미적분을 배울 거야."

이런 내용을 전달했으면 하는 겁니다.

미분/적분
쉽게 이야기하기

아이들에게 미분을 쉽게 이야기해준다면 어떤 방법이 있을까요?

다음과 같은 그래프에 직선을 그리기 위해서는 두 점이 필요합니다. 두 점을 가장 짧은 거리로 이어주고 그것을 무한으로 연장시킨 것이 직선입니다. 그래서 이 그래프 위의 두 점을 잇는 직선은 얼마든지 그릴 수 있습니다.

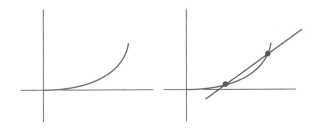

"그런데 만약에, 여기서 그래프 위에 한 점만 딱 찍고, 이 점을 지나는 직선을 그리고 싶으면 어떻게 하면 될까?"

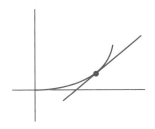

시간을 충분히 주면, 많은 친구들이 답을 찾아서 이야기합니다.

"엄청나게 가까운 두 점을 이어주면 돼요."

아주 훌륭한 대답이죠?

"그럼 진짜진짜 정확하게 그리고 싶으면 어떻게 하면 돼?"

이렇게 물으면 상당수의 아이들은 다음과 같이 대답합니다.

"엄청나게 가까이 붙은 두 점을 이어주면 되죠."

"그런데 그럼 그 두 점이 무한히 가까워지면 어떻게 돼?"

"그럼 더 정확하게 그릴 수 있겠죠?"

우리는 이 이야기를 하기 위해서 앞에서 무한을 배웠던 겁니다.

제가 초등학생들에게 미분을 설명하는 것은 여기까지입니다. 미분은 어떤 그래프의 한 점에서 스치듯 만나는 접선의 기울기를 구하는 것인데요. "$y = x^2$을 미분한다."라고 말하면 그 그래프의 어떤 점을 지나는 접선의 기울기를 구하는 것이고, 변화율을 구한다고도 표현합니다. 엄밀히 말해 정확한 표현은 아니지만 그래프 위에 한 점을 정하고, 거기에서 그래프와 접하는 직선을 그려보는 것만으로도 훌륭한 미분 예습이 될 수 있습니다.

그렇다면 적분은 어떨까요? 적분은 쉽게 이야기하면 그래프 아래의 면적을 구하는 과정입니다.

초등학교 과정에서 넓이를 구하는 건 딱 세 가지밖에 없습니다. 사각형과 삼각형, 그리고 6학년 2학기에 배우는 원의 넓이입니다. 그런데 재미있는 것은 중고등학교 과정을 통틀어도 결국 기본 도형의 넓이를 바로 구할 수 있는 것은 사각형, 삼각형, 원뿐이라는 겁니다. 아는 것을 활용해서 구하려면 아래 그림처럼 아주 얇은 사각형들로 나눠서 넓이를 구하고 더하는 수밖에 없습니다. 물론 약간의 오차가 발생하지만요.

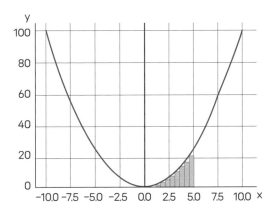

위 그림처럼 그래프 아래의 면적을 구하기 위해 그래프 아랫부분을 아주 작은 직사각형 기둥으로 나누고 그 직사각형들의

넓이를 더하는 방법을 구분구적법이라고 합니다. 이 구분구적법은 엄밀히 말하면 적분은 아니지만, 적분 값을 구하는 방법으로써 잘 알려진 방법입니다. 아이들에게 이 용어를 알려줄 필요는 없지만 여기서 또 질문을 해보겠습니다.

"이걸 진짜진짜 정확하게 넓이를 구하고 싶으면 어떻게 하면 돼?"

"사각형을 더 잘게 쪼개요."

"그럼 완전 정확하게 넓이를 구하고 싶으면 몇 개로 나눠야 해?"

"무한하게 많이 쪼개요."

앞의 글에서 무한에 대해서 이야기하고 오기를 잘했죠? 적분에 대해서도 아이들이 실제로 넓이를 구하기를 기대하는 것은 아닙니다. 어떤 그래프를 주고 넓이를 구할 수 있게 위 그림처럼 쪼개는 연습을 시키는 것은 적분에 대한 통찰을 가지게 해줍니다.

무한하게 작은 사각형들을 이어 붙이고, 그 사각형의 넓이를 구해서 다 더해주는 과정, 이 각각의 과정이 한 단원이 되어서 중고등학교에서 아이들과 다시 만나게 됩니다. 이런 이야기를 해주는 것만으로도 아이들이 하나의 봉우리를 보면서 등산을 하도록 돕는 것과 같은 효과가 있습니다

시험 능력을 향상시키는
공부법

저는 이 책에서 역량이 있으면 성적을 올리는 것은 쉬운 일이라고 호언장담을 해왔습니다. 진짜 달리고 싶을 때 달릴 수 있는 근육을 만들어주는 것이 초등학교 시절에 우리가 할 수 있는 현명한 선택입니다.

제가 한 이야기의 유효성을 증명하기 위해 작은 프로젝트를 진행했습니다. 유튜브, SNS를 통해 6개월 동안 성적 올리기 프로젝트를 공고해서 희망자를 모집했습니다. 중1 고은이와 고1 한결이를 대상자로 선정하고 그 과정 전반을 유튜브 영상과 SNS에 활용하기로 약속했습니다. 그전에도 저와 함께 공부하고 성적이 오른 친구들이 있었지만, 특수한 케이스인데 너무 과장하는 것 아니냐는 의문도 있었으니 성적이 오르는 전 과정을 보여주는 것이 필요하다고 생각했습니다.

고은이는 어머니가 "심화 문제는 손도 못 대는 데다가 모르는 문제가 나오면 바로 동그라미를 치고 넘어가서 걱정이고, 연산을 자주 틀려 지적 받는다."는 사연으로 응모해주셨습니다. 고은이를 만나 공부하면서 제가 가장 시간을 많이 들인 부분은 1학년 2학기 때 배운 내용을 칠판에 처음부터 끝까지 정리해서 써 보는 것이었습니다. 도형 단원에서 처음에 배운 것은 무엇인지, 작도는 왜 배웠는지, 평면도형과 입체도형은 각각 무엇을 배웠고, 이 단원을 배우고 나서 우리는 무엇을 할 수 있게 되었는지 설명하도록 계속 요구했습니다. 2학기 문제는 풀어주지 않고 스스로 풀게 했고, 이미 지나간 1학기 중간고사/기말고사 모의고사를 매주 풀게 하고 숙제처럼 확인했습니다. 그리고 시험 기간에는 각 과목의 목차를 먼저 외우게 하고 각각의 단원에 있는 소단원들은 어떤 내용인지, 각 소단원의 내용은 무엇이고 소단원 간 관계는 무엇인지 설명하게 하는 작업만 반복했습니다. 시험 보기 한 달 반 전까지만 해도 학원 시험에서 너무 많은 문제를 틀려와서 어머니가 걱정하셨는데 기말고사에서 고은이는 태어나서 처음으로 무려 전교 1등을 했습니다. 모든 과목에서 최상위권 성적을 기록하면서 말이죠.

한결이는 중학교에서는 최상위권 실력을 자랑했지만 지역의 잘하는 학생들이 다 모이는 고등학교에 진학하고 나서는 내신은 6~7등급, 모의고사는 3등급 정도의 성적을 받고 있었습니다. 자신감도 낮아져 있는 상태이고, 시험도 이 정도면 됐다고 생각하는 모습이었습니다. 한결이는 혼자서 개념을 이해하고 문제를 풀고 해결하는 능력은 충분하다고 판단되었습니다. 그래서 수학에서 지금 이 과정을 왜 배우는지, 대학교에 가면 결국 무엇을 배우게 되고 그것을 배우기 위해서 이런 과정들을 배우고 있는 거라고 설명해주었습니다. 문제를 풀 때는 무작정 시작하지 말고, 이 문제가 구하라고 한 것이 무엇인지, 주어진 힌트가 무엇인지, 그래서 어떻게 문제를 풀 것인지 전략을 짜는 것을 연습시켰습니다. 시험 기간에는 공부에 필요한 총 시간을 산출해보고 실제 가용할 수 있는 시간이 어느 정도인지 계산해본 뒤에 부족한 시간을 더 짜낼 수 있도록 전략을 세우게 했습니다. 공부에 부족한 시간을 확보하기 위해 한결이가 좋아하는 온라인 체스 시간을 포기하기로 한 것이 인상 깊었습니다. 수학 외 과목들은 수업 시간에 받은 프린트물의 내용을 큰 제목부터 재구성해서 점점 디테일하게 공부하고 예상 문제를 뽑아보도록 도와줬습니다. 한결이는 시험 성적이 전반적으로 올랐고, 수학 성적은 목표했던 내신 3등급으로 향상됐습니다. 기말고사 성적이 더 좋았으니 다음 학기에는 1~2등급을 노려보기로 했죠. 물론 모의고사 수학은 몇 달째 안정적으로 1등급이 나오고 있습니다.

지식의 구조화를 이루기

두 학생의 성적을 올리기 위해서 한 공통된 것이 무엇일까요? 바로, 배운 내용을 구조화하는 것입니다.

문제에 매달릴 줄 알고, 스스로에게 질문하고 사고하는 역량을 갖춘 학생은 지식을 구조화하는 것에 익숙해지면 아주 쉽게 성적을 올릴 수 있습니다. 내가 가진 지식들을 얼마나 잘 정리된 형태로, 지식들 사이의 연관성을 명확하게 설명할 수 있느냐에 따라서 학습의 질이 크게 달라진다는 이야기는 학계에 많이 보고되어 있습니다. 그림에서 A와 B는 지식들이 서로 연결되어 있지 않거나 중간에 한 군데만 끊어지면 연관성이 크게 약해지는 구조입니다. 이런 지식 구조를 가지고 있으면 지식이 필요할 때 꺼내 쓰는 속도가 매우 느리고 지식 간에 모순이 있어도 발견하기가 힘듭니다. 반면에 C와 D는 지식들이 위계를 가지거나 서로 촘촘하게 연결되어 있습니다. 머릿속의 지식들이 이와 같은 형태로 저장되어 있으면 쉽고 빠르게 지식을 꺼내 쓸 수 있고, 상호 관계를 통해 지식을 더 깊이 이해하면서 더 오래 기억할 수 있습니다. C나 D와 같은 형태로 지식들이 저장되어 있을 때 우리는 '지식의 구조화'가 이루어졌다고 이야기합니다.

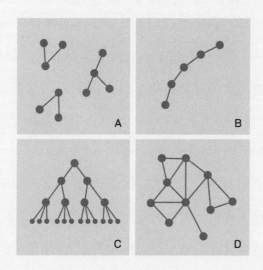

지식의 구조화 효과를 설명할 수 있는 아주 좋은 예가 있습니다. 휴대폰의 SIM 카드를 교체하기 위해서 유심 제거 핀을 찾

고 있었는데 30분을 찾아도 도저히 어디 있는지 알 수 없었습니다. 집에 있는 모든 서랍을 열어본 것 같은데 발견할 수 없어서 짜증에 가득 찬 목소리로 아내에게 전화를 걸었습니다. 아내는 정확히 유심 제거 핀이 어디에 있는지 기억하지는 못했지만, 휴대폰이나 태블릿, 노트북이랑 관련된 용품들은 벽장 왼쪽 세 번째 칸 서랍 위에서 두 번째 칸에 모아뒀으니 그곳을 한번 찾아보라고 이야기했습니다. 저는 "거기 봤어. 없었어."라고 투덜거리면서 서랍을 열었는데 위에 있는 박스를 하나 치우니 지금까지 구매했던 휴대폰들의 케이스가 모아져 있었고 그 안에 유심 제거 핀이 있었습니다. 집 안 물건들의 위치에 대해 구조화가 되어 있지 않은 저에게 유심 제거 핀을 찾는 것은 모래사장에서 바늘 찾기에 가까웠는데, 구조화가 되어 있는 아내는 집에 있지도 않았는데도 어디에 있을 것이라고 생각해낸 것이죠.

지식의 구조화는 타고난 지능지수를 극복하고도 남을 정도의 위력이 있습니다. 기억력이 아무리 좋은 사람도 이렇게 집 안의 물건에 대해 구조화가 되어 있는 사람보다 물건을 쉽게 찾을 수는 없습니다. 거꾸로 아무리 기억력이 나빠도 집 안의 물건들을 종류별로 나누어 어디에 두었는지 구조화가 되어 있으면 물건을 찾는 데 어려움을 겪지 않습니다. 공부에 있어서도 마찬가지입니다. 기억력이 아무리 좋은 사람도 교과서의 내용을 구조화해서 머리에 저장한 사람보다 쉽게 지식을 꺼내서 쓰지 못합니다. 거꾸로 구조화가 되어 있는 사람은 기존에 가지고 있는 지식들과의 관계를 통해 지식을 저장하기 때문에 지식을 기억하기 쉽고 망각해도 복원하기 쉽습니다.

초등학교, 중학교 저학년까지 공부 역량 기르기에 소홀하지 않았다면 지식의 구조화를 연습했을 때 그 효과는 확실하고 빠르게 나타납니다. 고은이와 한결이는 지식의 구조화를 통해서 시험공부의 효율이 획기적으로 향상했고, 즉각적으로 성적이 향상되는 결과를 보여주었습니다.

지식의 구조화를 위해 필요한 역량

지식을 구조화하면서 공부하는 프로세스는 공부 잘하는 친구들에게는 당연하게 느껴질 정도이지만 많은 사람들은 잘 인지하지 못하는 부분입니다. 극상위권 학생들은 지식의 구조화가 시험 기간에 이루어지는 것이 아니라 수업을 들으면서 바로바로 일어납니다.

그런데 지식의 구조화 효과가 좋다면 처음부터 그렇게 하면 되는데, 왜 초등학교 때는 역량 향상을 강조하는지 궁금하신 분들도 있을 겁니다. 지식의 구조화도 일종의 훈련이 필요하고 지식의 구조화를 잘 하기 위해서는 필요한 역량이 있습니다. 정보를 분석하고 요약하고 핵심을 추출하는 능력, 추상적인 개념을 만들어내고 시각화하는 능력, 자신의 사고방식을 분석하는 데 필요한 메타인지, 자기만의 방식으로 자료를 배열해나가는 창의적 사고가 대표적인 예입니다. 또 많은 양의 정보를 분석하고 구조화하는 과정에서 에너지가 필요한데, 이때 산만해지지 않고 목표에 집중할 수 있는 집중력과 과제 집착력이 필요합니다. 이것들이 바로 제가 계속 강조해왔던 '초등학교 때 길러야 하는 역량들'입니다. 미국의 영재교육 전문가인 렌쥴리^{Renzulli}박사가 강조한 영재의 3 요소 '평균 이상의 지능(메타인지), 창의력, 과제 집착력'이 그대로 지식의 구조화를 능숙하게 해내는 데 필요한 역량이기도 한 것이죠.

메타인지를 발휘해서 내가 아는 것들과 모르는 것들을 구분하고 정보를 분류한 다음, 창의력을 발휘해 나만의 방법으로 정보들 간의 관계, 구조를 조직해나가고, 이 과정에서 과제 집착력을 발휘하는 것이 잘 훈련되어 있는 친구라면 상위권이 되는 것은 생각보다 어렵지 않습니다. 거꾸로 말하면, 구조화되지 않은 형태로 머리에 밀어 넣어진 지식은 쉽게 휘발되고 사용하기도 어렵기 때문에, 아무리 선행학습을 한 친구라도 충분한 역량을 가지고 지식을 구조화하는 친구를 이기기는 힘듭니다.

몇 번이고 강조했지만, 초등학교 과정에서 부모가 신경써줘야 할 가장 중요한 것은 역량 강화입니다. 그렇게 강화된 역량들은 분명 중고등과정에서 아이들이 진짜 힘을 내야 하는 순간에 빛을 발할 겁니다. 아무리 문제집을 많이 풀어도 선행학습을 반복했어도 역량 있는 아이들이 지식을 구조화해서 받아들이는 효과를 이길 수는 없습니다.

아이는 안 속고 스스로만 속이는
부모님들의 하얀 거짓말

드디어 이 책을 마무리할 시간이 되었네요. 어떤 이야기로 마무리해야 할지 책을 쓰기 시작하는 순간부터 고민해왔습니다만, 꼭 하고 싶은 이야기이면서, 동시에 이야기하는 사람과 듣는 사람 사이에 신뢰가 있어야 할 수 있는 이 이야기로 책을 마무리하기로 결심했습니다. 바로, 우리가 아이들에게 하는 '거짓말'에 대한 이야기입니다.

부모님들이 자녀에게 하는 일종의 '하얀 거짓말'에 대해 아시나요? 아이를 너무 사랑하기 때문에 하게 되는, 부모님 자신도 모르게 스스로를 속이며 하게 되는 그런 거짓말입니다. 이 글의 목적은 부모님 마음을 불편하게 하려는 것이 아닙니다. 오히려 이런 이야기를 나누는 것이 가정의 평화에 기여하는 모습을 여러 번 목격해왔습니다. 하얀 거짓말이 아무리 선한 의도를 갖고 있다고 하더라도, 거짓말은 거짓말입니다. 문제는, 부모님들 스스로도 이런 하얀 거짓말에 속아 넘어가기가 쉽다는 점이고, 정작 자녀들은 그런 거짓말을 잘 알아차린다는 것입니다. 자녀를 사랑하는 마음에서 하게 되는 하얀 거짓말들이 우리에게 어떤 영향을 미치는지 함께 고민해보았으면 합니다.

부모님들이 자녀에게 솔직하지 못한 이유는 무엇일까요?

본격적인 이야기에 들어가기 전에, 먼저 왜 부모님들이 하얀 거짓말을 하게 되는지부터 생각해보아야 합니다.

첫 번째 이유는 아이가 잘되기를 바라기 때문입니다.

부모로서 자녀의 성공을 바라는 마음은 너무나 자연스럽습니다. 때로는 사실이 아닌 이야기를 하더라도, 자녀와 부모님 모두 그 말을 믿으면 더 큰 노력을 하게 되고, 결국 더 나은 결과를 얻을 것이라고 생각하게 되지요. 이렇게 자녀에게 동기부여하기 위한 의도로 하게 되는 하얀 거짓말이 있습니다.

두 번째 이유는 아이가 상처받지 않기를 바라기 때문입니다.

현실을 마주하는 것이 생각보다 쉽지 않다는 것은, 30년 넘게 살아보고, 아이를 길러본 사람이라면 누구나 공감할 수밖에 없습니다. 우리 아이가 그런 현실을 다루어내기에는 아직 어리다고 생각하게 되기 쉽습니다. 아이에게 현실적인 이야기를 해주는 것과 뭔가 희망적인 이야기를 해서 기분 좋게 해주는 것 중에서 선택해야 한다면 당연히 후자가 더 쉽고 간편한 선택입니다.

세 번째 이유는 나쁜 부모가 되고 싶지 않기 때문이기도 합니다.

현실에 대해서 같이 고민하고, 서로 솔직하게 이야기했을 때, 오히려 원망을 들을 수도 있고, 나 스스로가 후회할 수도 있기 때문에, 그런 건 살짝 접어두고 뒤로 미루게 되는 경우도 있습니다. 나쁜 부모가 되고 싶어 하지 않는 건 어찌 보면 자연스러운 감정입니다

이러한 이유들은 누구도 비난할 수 없습니다. 자녀를 향한 부모님의 사랑에서 비롯된 선택은 충분히 이해합니다. 저 또한 부모이기에 그 마음을 잘 알고 있습니다. 그러나 때로는 이런 선택들이 자녀와의 관계에 어떤 영향을 미칠 수 있는지 돌아보고, 더 나은 소통 방법을 고민해볼 필요가 있습니다.

자주 하는
하얀 거짓말 세 가지

부모님들이 자녀에게 하게 되는 하얀 거짓말에는 어떤 것들이 있을까요? 제가 경험한 사례를 중심으로 대표적인 몇 가지를 이야기해보겠습니다.

1. "엄마 아빠는 네가 성적이 잘 나오는 것보다 열심히 즐겁게 공부하는 게 더 중요해."

진심으로 그렇게 생각하신다고요? 저도 부모님들의 마음에 공감합니다. 그런데 왜 거짓말이라고 하는 걸까요? 아이 입장에서 생각해보면 이해가 갈 겁니다.

제 두 아들이 축구를 배울 때의 일입니다. 저는 아이들에게 항상 이렇게 말했습니다.

"현우야, 지운아, 아빠는 너희가 골을 넣는 걸 원하는 게 아니야. 골은 못 넣어도 돼. 그게 중요한 게 아니야. 아빠는 너희가 열심히 뛰고 땀 흘리면서 즐기는 게 너무 좋아."

제가 거짓말로 이야기했을까요? 저도 진심이었습니다. 적어도 제 입장에서는 말이죠. 문제는, 아이들이 골을 넣지 못했을 때 제가 너무 안타까워한다는 데 있습니다. 그리고 반대로 골을 넣었을 때 너무 좋아하죠. 우리 아이들이 이걸 눈치채지 못했을까요? (골을 넣었는데 아빠가 옆에서 심드렁하게 "골 넣는 건 안 중요하다니까."라고 말하면, 그것도 이상하겠죠.)

저 말 전부가 거짓말은 아니지만, 사족을 붙여서 결과적으로 거짓말이 되어버렸습니다. 저는 아이들이 골을 넣으면 너무 기분이 좋았습니다. 그런데 굳이 그게 중요하지 않다고 말하는 건, 우리 아들을 잘 교육하고 싶은 저의 마음이겠죠. 그러나 제 그릇 이상으로 아이들을 가르치려 한 것인지도 모르겠네요.

제가 하려는 이야기가 감이 오셨으리라 생각합니다.

"학원에서 반 올라가는 게 중요하지 않아. 열심히 하고 즐겁게 배우는 게 더 중요해."

"좋은 대학 가는 게 목표가 아니야. 최선을 다하는 게 중요한 거지."

"성적이 오르지 않아도 네가 행복하다면, 엄마 아빠는 그게 더 중요한 거라고 생각해."

이 말들은, 부모님의 진심이 담겨 있긴 하지만 결과적으로 아이들에게는 거짓말입니다. 학원에서 높은 반으로 올라갔을 때 기뻐하는 부모님의 표정을 아이들이 더 자세히 볼 수 있고, 성적표를 확인하는 엄마 아빠의 불안하고 초조한 눈은 부모님 자신보다 자녀들에게 더 잘 보이니까요.

2. "최선을 다하면 성적이 오를 거야."

이건 때로는 부모님이 스스로를 속이기 위해 하는 거짓말이기도 합니다.

제가 자주 강조하는 두 가지 사실이 있습니다.

① 지금처럼 공부하면 지금과 같은 성적이 나온다.
② 공부가 재미있지 않으면 열심히 하기 어렵다.

이 책을 읽어온 부모님들이 직면하고 계실, 불편한 사실이죠. 지금처럼 쭉 열심히 하면, 지금 같은 성적을 받게 됩니다. 지금 같은 방식으로 더 열심히 하면 지금보다 조금 더 나은 성적을 받겠죠. 운이 좋다면 성적이 오를지도 모릅니다. 그러나 대부분의 경우, 지금 같은 성적을 받게 됩니다.

축구 교실에 가보면, 우리 아들들은 어찌나 아빠의 축구 실력을 쏙 빼닮았는지, 슛이 정말 약합니다. 그런데 어떤 아이들은 오늘 처음 왔는데도 대포알 같은 슛을 날리는 아이들이 있어요.

심지어 어떤 아이는 처음 와서 혼자 다 휘젓고 다녔는데, 나중에 알고 보니 한 살 어린 아이가 오늘은 형들하고 하려고 온 것이라는 걸 알고 놀란 적도 있습니다. 우리 아이들이 지금 이 반에서 그냥 열심히 하면 그 친구들보다 잘하게 될까요? 아니라는 걸 저는 잘 알고 있지만, 아이들을 축구 선수로 키울 생각이 없기 때문에 그냥 땀 흘리고 뛰는 거에 만족하면서 다른 방법을 찾지 않는 거겠죠.

그런데 만약에 제가 우리 아이들에게 이렇게 얘기하면 어떨까요?

"현우야, 지운아, 지금부터 열심히 하면 그 친구보다 더 잘할 수 있을 거야."

이건 하얀 거짓말입니다

3. "공부를 잘하면 나중에 더 행복한 삶을 살 수 있어."

이 하얀 거짓말은 예전보다 줄기는 했습니다. 사회를 살아가는 모습이 많이 다양해졌고, 다양성에 대한 우리의 이해도 깊어졌으니까요.

그런데 부모님 본인이 공부를 잘했던 경험이 있거나, 성공적인 학업을 통해 안정된 삶을 살고 계시다면 이런 생각에서 벗어나기 어려운 경우를 많이 보게 됩니다.

제 이야기를 해보겠습니다. 고등학교 때 친하게 지내던 친구 3명이 있습니다. 그때는 한 반에 45명 정도였는데요, 저는 반에서 1등이었고, 한 명은 2등, 한 명은 10등 정도였고, 나머지 한 명은 체대 입시를 준비했습니다.

그런데, 졸업하고 나서 20년이 넘게 지난 지금 이 친구들은 어떻게 되어 있을까요?

저는 박사 학위를 따고 S전자에 들어갔습니다. 2등을 하던 친구는 석사 학위를 따고 Hy전자에 다니다가 S전자로 왔습니다. 10등을 하던 친구는 재수해서 학사를 따고 S전자에 들어왔습니다. 체육 선생님인 친구는 와이프가 S전자에 다닙니다.

정말 공부를 잘하면, 더 행복하고 편안한 삶을 사나요? 제 경험으로는 좋은 대학을 나와서 공부를 잘하면, 평범한 삶을 사는 경우가 많습니다. (물론 많은 분들이 그 평범함이 소중한 것이라고 이야기하기는 합니다.)

공부를 잘하고 좋은 대학을 나오면 삶에서 훌륭한 안전 장치가 되는 측면은 분명 있습니다. 그렇지만 공부를 잘하는 것과 삶의 행복은 직결되지 않습니다. 그러니 이 이야기는 하얀 거짓말입니다.

부모의 하얀 거짓말이
왜 문제일까?

자, 그런데 거짓말이 뭐가 문제이냐고 물으실 수 있습니다. "손해 볼 건 없는 거짓말 아니냐!"라는 말에도 일리가 있습니다. 하얀 거짓말로 아이들을 조금 더 꿈 꾸고, 노력하도록 만들 수 있습니다.

그런데, 제가 굳이 이 글을 쓰는 이유는 하얀 거짓말이 부모에 대한 자녀의 신뢰도에 영향을 주기 때문입니다. 공부를 매개로 많은 가정 사정을 듣고, 부모님의 이야기를 듣다 보면, 교육 문제로 부부간에, 부모자식 간에 갈등이 심각한 경우를 자주 접하게 됩니다. 경험이 쌓이면서 그런 갈등 국면에서 오고 가는 말들이 다 하얀 거짓말들에서 비롯되었다는 것을 이해하게 되었습니다. (경험상 아빠가 상담을 청해오는 경우는 높은 비율로 자녀의 성적이 아닌, 공부 때문에 생긴 가족 간의 갈등 때문인 경우가 많습니다.)

예를 들어볼까요?

"아, 공부하기 싫다고!"

"너 그렇게 공부 안 해서 나중에 어쩌려고 그래."

"당신 왜 그렇게 애를 들들 볶아."

"내가 잘하라고 했어? 열심히 하라고 했지. 그럼 당신이 챙겨봐."

"나도 나름대로 한다고 하는 거라고."

"엄마가 네가 보내달라는 학원 다 보내주고 선생님도 붙여줬는데, 네가 열심히 하면 안 올라? 맨날 게임하고 집중 안 하니까 하는 말 아냐."

위에 오고 가는 대화는 다 하얀 거짓말에 기반을 두고 있습니다. 결과적으로 하얀 거짓말은 의도와 상관없이, 가족 간의 관계에, 신뢰에 큰 도움이 되지 않습니다.

하얀 거짓말보다 강력한 동기부여는 부모의 솔직함

자, 그럼 어떡하면 좋을까요? 하얀 거짓말을 하지 않으면서 아이들에게 동기부여를 해줄 수 있는 방법이 필요합니다.

엄마 아빠가 모든 답을 알고 있다는 전제는 기본적으로 맞다고 생각합니다. 위에서 예로 들었던 하얀 거짓말들을 이렇게 바꿔보면 어떨까요?

"엄마 아빠도 솔직히 네가 학원에서 좋은 반이 되면 기분은 좋을 것 같아. 근데 그렇다고 네가 스트레스받는 것은 싫어. 너는 어떻게 생각하니? 한번 얘기 좀 해보자."

"어떻게 하면 성적이 오를 수 있을까? 너 나름대로 열심히 하는 걸 텐데, 뭔가 다른 방법이 필요하지 않을까? 작전을 좀 세워야 하지 않을까?"

"공부 잘한다고 잘먹고 잘살지는 않더라. 그게 다는 아닌 거 엄마 아빠도 알아. 그래도 엄마 아빠는 공부 잘하는 아이들 보면 좀 부럽기는 해. 솔직히."

이 책은 아이를 학원이나 과외에 맡겨두는 것에 그치지 않고, 함께 고민하고 함께 공부하기를 원하는 부모님들을 생각하며 쓰기 시작했고, 그런 분들이 아이들에게 던질 수 있는 질문들로 내용을 채워왔습니다. 이 책을 끝까지 읽은 부모님이라면 아이들에게 동기부여해 주는 과정도 솔직하고 적절한 질문으로 채워가실 수 있을 것이라고 믿습니다.

많은 부모님들이 자식이 바뀌기를 바랍니다. 물론 좋은 방향으로 말이죠. 그리고 동시에 그것이 쉽지 않은 일이라는 것을 알고 있습니다. 네, 자녀는 쉽게 바뀌지 않습니다. 그럼 부모는 쉽게 바뀔까요? 물론 그것도 너무 힘든 일입니다. 그러나 이 책을 여기까지 읽으며 함께 고민하는 분이라면 가능하다고 생각합니다.

이제 진짜 마무리를 해보려고 합니다. 책의 첫 부분에서 이야기했습니다. 공부를 잘하기 위한 길은 '머리가 좋아지고, 공부가 재미있어지는 것'이 유일하다고 말이죠. 공부를 잘하기 위해서, 부모님과 아이들에게 필요한 것은 '문제를 피하지 않고 직면하는 것'입니다. 그리고 직면하려고 할 때 가장 좋은 무기는 언제나 '솔직하고 적절한 질문'입니다.

수학은 계산하는 법을 배우는 과목이 아니라, '좋은 질문을 통해 문제와 직면하고 그 문제를 해결해나가는 것을 배우기 위한 과목'이라는 것을 아이들에게 가르쳐주시기를 부탁드립니다.

궁금한 것만 뽑았습니다

저를 찾아오는 학부모님들의 소망은 모두 일치합니다. 자녀를 공부 잘하는 아이로 키우고 싶다는 것이죠. 서울대학교를 나온 부모는 아이를 다르게 키울까 궁금해하시는 분도 많습니다. '선생님은 원래 이과형 머리를 타고났나요, 공부하는 습관을 어떻게 들였나요?' 등 하시는 질문은 비슷합니다. 이과형 머리를 만드는 방법에 대해서는 이 책을 여기까지 읽어온 분이라면 이미 답을 아실 거라고 생각합니다. 그래서 현장에서 마주하는 좀 더 직접적이고 공통적인 질문을 정리해보겠습니다.

사고력 수학, 꼭 해야 하나요?

A. 사고력 수학은 아이들이 교과과정에서 벗어나 생각하는 힘을 기르고 수학에 흥미를 가질 수 있도록 만들어진 프로그램입니다. 취지 자체는 의심의 여지 없이 훌륭합니다. 다만 두 가지 유의할 점이 있습니다.

첫 번째는, 사고력 수학은 커리큘럼의 구성, 교재보다 선생님의 역량이 더 중요하다는 것입니다. 다르게 이야기하면, 아무리 좋은 프로그램이라도 아이들에게 좋은 질문을 던져주고 사고하도록 유도하는 역량을 갖춘 선생님에게 배우지 않으면 의미가 없을 수 있습니다. 사고력 수학을 학원에서 경험하도록 할 계획이라면 무엇보다도 어떤 선생님에게 배우게 될지 직접 확인하고, 부모님의 철학, 로드맵과 맞는 분인지 고민하는 게 필요합니다.

두 번째는, 사고력 수학의 성과를 확인하기 위해 경시대회 입상을 목표로 공부하게 되면 본래의 목적에서 크게 벗어나게 될 수 있다는 점입니다. 경시대회 준비 역시 단기간에 결과를 내려고 하면 유형 암기, 양치기 방식으로 공부를 할 수밖에 없게 됩니다. 경시대회 준비가 의미 없는 과정이라는 건 아닙니다. 다만, 경시대회 준비를 하는 것은 본래의 목적을 훼손하는 결과를 낳을 수 있다는 점을 유의하셨으면 합니다.

💡 아이들에게 간단히 내줄 수 있는 수학 퀴즈는 어떤 게 있을까요?

A. 이 책에서 말씀드린 내용 이외에도 생활 속에서 아이와 함께 고민할 수 있는 퀴즈가 많이 있습니다. 수학을 좋아하는 아이들은 자동차 번호판을 보면서도 많은 생각을 합니다. 예를 들어 자동차 번호판 네 개의 숫자를 더하고 빼고 곱하고 나눠서 10을 만들어보는 연습을 할 수 있습니다. 3702라는 번호판을 보고 20-7-3=10과 같이 만들어보는 식이죠. 이 문제 역시 여러 가지 방법으로 답을 찾아보는 게 중요합니다. 위의 예 말고도 3+7+0×2 역시 10이 된다는 것을 찾을 수 있겠네요. 이외에도 소인수분해하기, 두 자리×두 자리 계산, 세 자리×한 자리, 이게 어렵다면 두 자리×한 자리 계산을 해볼 수 있습니다.

창의력을 발휘한다면 우리 주위에서 발견하는 모든 수들은 퀴즈의 대상이
될 수 있습니다. 어느 정도 익숙해졌다면 부모님과 시합을 하거나, 아이들에
게 문제를 내보도록 유도하는 것 역시 여러 가지 면에서 큰 효과가 있는 활동
입니다.

💡 우리 아이가 수학을 잘하는데, 특목고를 준비해야 할까요?

A. 특목고 준비와 경시대회 준비를 고민하시는 부모님께는 이런 질문을 먼
저 드립니다.

"왜 준비하려고 하세요?"

우리 아이가 적성과 흥미를 살려서 공부할 수 있도록, 경쟁심을 기를 수 있도
록, 목표를 가질 수 있도록 하는 것이 목적이라면 말릴 이유가 없습니다.

하지만, 많은 분들은 입시를 염두에 두고 물어봅니다. 그렇다면 자녀가 영재
학교나 과학고에 입학하는 것이 입시에 유리한지를 따져봐야 합니다. 지금
아이의 상황에서 경시대회를 준비하는 것과 역량을 길러주는 것 중에 어떤
것이 결과적으로 입시에 더 좋은 영향을 줄지를 생각해봐야겠죠.

개인적인 의견으로는 입시를 목적으로 특목고를 준비하거나 경시대회 준비
를 고려하는 것은 만류하고 싶습니다.

💡 아이큐 검사, 어떻게 생각하나요?

A. 초등학교에서 시험을 보지 않게 되면서 아이의 현재 실력을 파악하는
것이 어려워졌습니다. 이 결과 부모님들의 불안감이 증폭되었습니다. 그래

서 일부 지역에서는 아이의 지능지수를 측정하거나, 창의력을 측정하거나, 큰 학원의 레벨 테스트를 보게 하는 것이 필수적인 활동처럼 여겨지고 있습니다. 그중 아이큐 검사에 대해서 이야기해보겠습니다.

보편적으로 부모님들이 아이들에게 많이 시키는 웩슬러 지능 검사가 계속 업그레이드되고 있다는 사실을 알고 계시나요? 현재가 네 번째 버전이고 개정은 계속 진행되고 있습니다. 역량을 세부적으로 나누고, 전체 점수보다는 피검사자의 강점과 약점을 파악하는 목적으로 발전하고 있습니다.

부모님이 직접 아이의 학습, 사고력과 관련된 강점, 약점을 파악하기 어렵다면 검사를 한번 해보는 것도 좋은 선택입니다. 다만 유의할 점이 있습니다.

너무 어린 나이에 영재인지 여부를 판단하기 위해서 테스트를 해보는 것은 추천하지 않습니다. 많은 전문가 집단이 만 6세 이전에 영재인지 여부를 판단하는 것은 섣부르다는 의견을 제시하고 있습니다. 우리 아이가 영재성이 있다고 판단된다면, 검사를 통해 확인하는 것보다 정서적으로 안정될 수 있도록 도와주는 것이 무엇보다 중요하다는 전문가들의 의견을 꼭 기억하셨으면 합니다.

종합 점수를 가지고 상위 몇 %라는 수치에 큰 의미를 두지 않았으면 합니다. 책에서 누차 강조했듯이, 공부에 필요한 역량은 지능지수만이 아닙니다. 창의력, 과제 집착력이 지능지수 못지않게 중요합니다. 질문하고 고민하는 습관, 사회성, 겸손함 등이 우리가 흔히 생각하는 것보다 성적에 크게 작용합니다. 우리 아이는 상위 몇 %의 결과가 나왔으니 이 정도 성적은 나와야 하고, 이런 프로그램을 밟아야 한다는 고정관념은 부모와 자녀 모두에게 부담으로 작용할 수 있습니다. 본질에서 벗어난 로드맵을 만들어내는 결과를 낳을 수 있다는 점을 기억해주세요.

💡 간단한 연산을 계속 틀리는데 쓰면서 하라고 하면 싫어합니다. 어떡하면 좋을까요?

A. 의외로 많은 부모님들이 고민하는 부분입니다. 암산하다가 틀리는데 쓰면서 계산하면 되지 왜 자꾸 암산을 하려고 하는지 모르겠다는 부모님과 머리로 할 수 있는데 왜 자꾸 쓰면서 하라고 하냐고 따지는 아이들의 전쟁이죠. 일단 틀리는 원인을 찾아야 합니다. 주로 두 가지 원인을 찾을 수 있습니다.

첫 번째는 말로 설명하고 식으로 쓸 수 없는 경우입니다. 수학은 언어이기 때문에 말로 먼저 설명하고, 그 설명을 식으로 쓰는 과정을 반드시 수행할 수 있어야 합니다. 이 과정을 하지 못하는 상황이라면 말로 설명할 수 있는 지점까지 돌아가서 다시 공부를 하고, 식으로 표현하는 연습을 해야 합니다.

두 번째는 말로 설명하고 식으로 쓸 수 있는데 암산이 더 재미있다고 느끼는 경우입니다. 어떻게 보면, 단순 암기를 쓰면서 맞히려고 애쓰는 것보다 암산으로 문제의 난이도를 더 재미있게 만들려고 하는 시도입니다. 저는 이런 친구들에게 당장 문제를 더 맞히기 위해 쓰면서 계산하라고 강요하는 것은 수학 공부의 재미를 빼앗는 것이라고 생각합니다. 단, 단서는 있습니다. 이 책을 읽어온 분들은 아마 눈치채실 수 있을 텐데요, 두 가지 이상의 방법으로 계산해서 그 두 가지 방법을 비교하고 맞는지 확인할 수 있는 연습이 병행되어야 합니다.

💡 우리 아이가 문과 성향인지, 이과 성향인지 궁금해요. 어떻게 알 수 있나요?

A. 어떤 전공을 시킬까, 어떻게 대입 준비를 시킬까 고민하는 거라면 초등

학교 고학년까지는 너무 구분하지 말고 지켜보라고 말씀드립니다. 그리고 문과 성향이라고 법대를 가야 하고, 이과 성향이라고 의대나 공대를 가야 하는 것도 아닙니다.

그러나 우리 아이가 어떤 방식으로 공부를 하는지는 알 필요는 있습니다. 그런 차원에서 답변을 드리면, 아이들이 좋아하는 분야가 수학이냐 영어냐 구분하는 것보다는 읽고 싶어 하는 책이 역사나 정치 같은 사회 과목인지 과학 과목인지를 보는 것이 더 효과적입니다.

수학 문제를 풀 때 소위 말하는 이과형 아이들은 납득이 가지 않으면 쉬운 문제도 잘 진행을 시키지 못하는 데 반해서, 문과형 아이들은 이해가 가지 않아도 선생님의 풀이를 그대로 모방해서 다른 문제에 적용하고는 합니다. 이과형 아이들의 경우 납득이 가도록 설명을 해주고, 이해했다고 넘어가는 것이 아니라 이해한 것을 말로 설명하고 식으로 표현할 수 있는지 확인해주는 것이 중요합니다. 문과형 아이들의 경우에는 이해를 못했는데도 답을 맞히고 넘어가는 경우가 있기 때문에 정말 잘 이해했는지, 문제의 유형이 바뀌면 틀리는지 여부를 체크해주는 것이 필요합니다.

어릴 때 키워줘야 하는 공부 습관이 있을까요?

A. 저에게 서울대를 어떻게 하면 갈 수 있냐고 물으시는 부모들이 많습니다. 제가 어릴 때 어떻게 공부했는지 궁금해하시는 부모님들도 많죠. 초등학교 때 창의력을 심어주기 위해서 자유로운 환경을 만들어줘야 한다는 사람도 있습니다. 이에 반해 초등학교 때 엉덩이를 붙이는 습관을 들이지 않으면 중고등학교에 가서도 어렵다는 이야기하는 사람도 있습니다. 정답이 없는

이야기일 수 있지만 참고하실 수 있도록 제 경험을 적어보겠습니다.

저는 공부 시간이 아주 길었던 편은 아니었습니다. 특히 중학교 2학년까지는 반에서 1등을 해본 적도 없습니다. 그런데 신기한 일이 벌어졌습니다. 중학교 2학년 2학기를 넘어가면서 수학에서는 피타고라스의 법칙이 나오고 물리에서는 운동법칙이 나오기 시작하니 공부를 곧잘 한다는 친구들의 성적이 떨어지기 시작했습니다. 저는 특별히 공부를 더 많이 하지 않았는데 수학, 과학 과목이 점점 쉽게 느껴졌습니다. 성적이 오르면서 공부가 재미있다고 느껴지고 공부의 양도 늘어났습니다.

중요한 것은 공부가 점점 쉬워지게 만들어줘야 한다는 것입니다. 모르는 부분을 문제를 풀면서 유형으로 극복하는 습관을 가지면 결국 고등학교 진학 전후에 무너지는 경우를 수없이 봐왔습니다. 제가 달랐던 점은 궁금한 점이 있을 때 찾아보고 이해할 수 있을 때까지 붙잡는 습관이었습니다.

어렸을 때 키워줘야 하는 공부 습관은 '질문하는 습관'입니다. 꾸준히 앉아 있을 수 있는 엉덩이 힘을 길러주는 작업은 분명 필요하지만 더 중요한 것은 오늘 공부한 내용 중에서 내가 모르는 것을 찾아내서 이해가 갈 때까지 파고들고 생활 속에서 그런 깨달음을 써먹는 힘입니다. 이런 아이로 길러주기 위해서는 결국 아이가 스스로에게 질문할 줄 알아야 하고, 그러기 위해서는 어렸을 때부터 많은 질문을 받고 그 질문에 조리 있게 대답해보는 경험이 가장 필요합니다.

과제 집착력이 없는 아이에게 과제 집착력을 키워줄 방법이 있을까요?

A. 제가 머리보다 중요한 건 과제 집착력이라고 했죠. 과제 집착력이 있는 아이들은 결국 좋은 성적을 얻어냅니다. 선천적으로 이런 성향이 있으면 좋을 텐데 우리 아이가 이런 성향이 없는데 어떻게 하면 좋은지 궁금해하는 부모님들이 많습니다.

제 경험상 과제 집착력은 공부하면서 잘 길러지지 않습니다. 그래서 저는 부모님들에게 늘 과제 집착력을 길러줄 수 있는 프로젝트를 하라고 말씀드립니다. 특히 과제 집착력의 하위 요소 중에서 학습 동기에 영향을 주는 인자는 '책임감'입니다. (우리는 과제 집착력의 하위 요소 중 '명확한 목표 설정'이 학습 동기에 영향을 많이 줄 것이라고 생각하지만 실제 연구 결과들은 그렇지 않다고 보고되었습니다.)

어딘가 팀에 속해서 책임감을 가지고 경쟁을 하는 경험, 가족과 함께 목표를 정하고 공동 프로젝트를 해보는 것이 꼭 필요합니다. 꼭 공부일 필요는 없습니다. 함께 수영 대회 참가를 목표로 훈련한다거나 바둑/체스를 배워 대회에 참가하는 것도 좋습니다. 참고로, 제 아들들은 포켓몬 카드 게임 국가대표가 되겠다는 목표를 세우고 프로젝트를 진행 중입니다. 대회에 나가서 포인트를 쌓아야 하는데, 현재 포켓몬 카드 게임 국가대표에게 개인 수업을 받고 있고, 지역 매장의 대표로 선발되어서 매장 대항전에 참가하고 있습니다. 대회가 끝난 후 아무 생각 없이 오던 현우가 좋은 결과가 나오지 않자 서운해하길래 저는 내심 이 프로젝트가 성공적으로 진행 중이라고 생각했습니다.

그리고 시간이 흘러 현우는 100명이 넘게 모인 대회에서 4강에 진출해 상을 받게 되었습니다. 동생 지운이는 형을 보면서 자기도 대회에 나가고 싶다고 하길래 역시 개인 수업을 시켜주고 있습니다. 과제 집착력을 길러주기 위한 온 가족이 다 함께 하는 프로젝트, 우리 집에는 무엇이 좋을까 꼭 고민해보시기 바랍니다.

💡 학군지에서 공부하는 게 좋을까요, 비학군지에서 공부하는 게 좋을까요?

A. 우리나라는 유독 학군지에 몰리는 경향이 심합니다. 그래서 강남, 목동, 노원, 분당 등을 중심으로 학생들이 모이고, 이 경향은 부동산 가격에서도 알 수 있습니다. 하지만 최근 수시의 비중이 높아지고, 내신 기준이 9등급에서 5등급으로 조정되면서 학군지에서 공부하는 불리함이 커진 것도 사실입니다. 어렸을 때부터 좋은 학군지에서 경쟁하면서 공부 습관을 키우는 게 중요하다는 의견과 결과적으로는 내신을 받기 힘들어 학군지가 오히려 독이 된다는 의견으로 갈리고 있습니다. 조금이라도 좋은 대학을 보내고 싶어 하는 엄마들의 마음은 모두 같습니다. 어떻게 선택하면 좋을까요?

두 가지를 기준으로 결정해보시길 권합니다.

첫 번째로 '자녀가 어떤 것에 동기부여를 느끼는지'입니다. 경쟁심이 타고났고 공부를 불평 없이 소화할 수 있는 스타일의 아이라면 학군지에서도 잘할 수 있습니다. 그런데 칭찬을 듣고 인정받는 것이 무엇보다 중요한 모티베이션인 아이들은 학군지에 가면 오히려 기가 죽고 자신감을 상실할 가능성이 큽니다.

두 번째로 '부모님이 아이의 교육에 얼마나 많은 시간을 할애할 수 있느냐'입니다. 좋은 학원이 많은 학군지로 이사했더니 막상 레벨 테스트에 합격하지 못해서 원하는 학원에 가지 못 하는 경우가 의외로 많습니다. 정보가 넘치는 곳에서 아이에게 알아서 결정하라고 맡기는 것도 쉽지 않습니다. 수많은 정보들을 가지고 아이와 함께 고민하고 로드맵을 수시로 수정해나갈 여력이 있는 경우에는 학군지를 선택하는 것도 나쁘지 않습니다.

서울대 공대 아빠의
수학 비밀 노트

펴낸날 초판 1쇄 2025년 3월 25일 | 초판 2쇄 2025년 5월 20일

지은이 이창준

펴낸이 임호준
출판 팀장 정영주
책임 편집 김경애 | **편집** 조유진 박인애
디자인 김지혜 | **마케팅** 이규림 정서진
경영지원 박석호 박정식 유태호 신혜지 최단비 김현빈

인쇄 (주)웰컴피앤피

펴낸곳 비타북스 | **발행처** (주)헬스조선 | **출판등록** 제2-4324호 2006년 1월 12일
주소 서울특별시 중구 세종대로 21길 30 | **전화** (02) 724-7648 | **팩스** (02) 722-9339
인스타그램 @vitabooks_official | **포스트** post.naver.com/vita_books | **블로그** blog.naver.com/vita_books

ISBN 979-11-5846-440-0 03370

비타북스는 독자 여러분의 책에 대한 아이디어와 원고 투고를 기다리고 있습니다.
책 출간을 원하시는 분은 이메일 vbook@chosun.com으로 간단한 개요와 취지, 연락처 등을 보내주세요.

비타북스 는 건강한 몸과 아름다운 삶을 생각하는 (주)헬스조선의 출판 브랜드입니다.